EINE KLEINE LANDESBIBLIOTHEK

Herausgegeben von
*Hermann Bausinger, Friedemann Schmoll,
Monique Cantré und Werner Witt*

Band 11

Reingeschmeckt

Essen und Trinken
in Baden und Württemberg –
ein Lesebuch

Eingeleitet und herausgegeben von
Friedemann Schmoll

Klöpfer & Meyer

Rechtschreibung und Interpunktion der Texte wurden
behutsam modernisiert.

Herausgeber und Verlag danken allen Rechte-Inhabern für die erteilten
Abdruckgenehmigungen. Sollten Rechte Dritter irrtümlich übersehen
worden sein, so ist der Verlag selbstverständlich bereit, rechtmäßige
Ansprüche nach Anforderung abzugelten.

Herausgeber und Verlag danken dem Förderverein »Schwäbischer
Dialekt« für seine freundliche Unterstützung.

© 2010 Klöpfer und Meyer, Tübingen.
Alle Rechte vorbehalten.
ISBN 978-3-940086-60-0

Umschlaggestaltung:
Christiane Hemmerich Konzeption und Gestaltung, Tübingen.
Herstellung, Gestaltung und Satz: niemeyers satz, Tübingen.
Druck und Einband: Pustet, Regensburg.

Mehr über das Verlagsprogramm von Klöpfer & Meyer
finden Sie unter *www.kloepfer-meyer.de*

Inhalt

Friedemann Schmoll: Reingeschmeckt –
  Einladung zu Erlesenem. Eine Einleitung 9

Substanzen – fest und flüssig

Karl Julius Weber: Die Nahrung 24
Johann Wilhelm Petersen: Geschichte der deutschen
  National-Neigung zum Trunke 41

Gaumenglück der Kindheit – Geschmackserinnerungen

Heinrich Hansjakob: Aus meiner Jugendzeit 48
Wilhelm Hausenstein: Salzbrezeln aus Niederwasser . 67

Global denken, lokal essen

Friedrich Schiller: Der Wirtemberger 74
Johannes Nefflen: Das Hochgesträss, und wo es liegt . 75

Franz Schneller: Badische Küche 79
Thaddäus Troll: Die schwäbische Küche 88
Angelika Bischoff-Luithlen: Essen und Trinken
auf der Alb 97
Vincent Klink: Wüschtgläubig 105

Der Magen und das Sozialleben

Hans Flach: Symptom des bequemeren Lebens 110
Johannes Nefflen: Der Bauer im König von England . 115

Der Mensch lebt nicht vom Brot allein

Johann Peter Hebel: Kulinaria aus dem Schatz-Kästlein
des rheinischen Hausfreundes 130
Jacob Picard: Die Brautschau 135
Berthold Auerbach: Schabbes in Nordstetten 154
Fasten an Jom Kippur 159

Geselligkeit

Carl Theodor Griesinger: Der Wurstball 164
Gustav Rümelin: Schwäbische Geselligkeit 171
Carl Theodor Griesinger: Ein Stuttgarter Biergarten . 174
Johann Baptist Pflug: Oberschwäbisches Volksleben . 179

Im Wirtshaus

Ludwig Uhland: Einkehr 184
Joachim Ringelnatz: Stuttgarts Wein- und
 Bäckerstübchen 186
Wilhelm Schussen: Himmel oder Hölle? 187
Carl Theodor Griesinger: Ein gebildeter Gastwirt . . . 190
Walle Sayer: Umtrunk 195
Johann Peter Hebel: Abendlied 196

Genuss –
über das Notwendige hinaus

Karl Julius Weber: Die Leckerei und Gutschmeckerei . 200
Karl Friedrich Vierordt: Zur Geschichte des
 Tabakrauchens im Großherzogtum Baden 212

À la carte und Eingebrocktes

Wilhelm Waiblinger: Literarische Speisekarte 222
Johann Baptist Pflug: Habermus 225
 Das Kraut 228
Ludwig Uhland: Wein und Brot 230
Gustav Schlesier: Württemberger Wein 231
Eduard Mörike: Widmung 233
Thaddäus Troll: Epitaph auf den Most 234
Joseph Viktor von Scheffel: Die Martinsgans 236
 Das große Fass zu Heidelberg 239

Eduard Mörike: Frankfurter Brenten 243
Albert Goes: Bratapfel 245

Habhaftes für alle Tage

Julius Hartmann: Ernährung im Königreich
    Württemberg 248
Bruno Stehle: Hohenzollern – Menschenschlag,
    Nahrung, Krankheiten 254
Aus den Oberamtsbeschreibungen 257

Abschiedsmahl

Heinrich Höhn: Der Leichenschmaus 268

Autoren und Nachweise 277

Reingeschmeckt – Einladung zu Erlesenem
Eine Einleitung

Die »Reingeschmeckten«, das sind gemeinhin jene Zugezogenen, denen es besonders im Schwäbischen mitunter nicht leicht gemacht wird, heimisch zu werden. Was aber wären die bodenständigen regionalen Küchen ohne all jene Zugereisten, Flüchtlinge, Gäste und Fremden? Sie brachten und bringen immer auch ihre Rezepte mit, also Stimulanzien für die behutsame Erneuerung und Entwicklung des Bewährten. Küchen jedenfalls, die nur im eigenen Saft schmoren würden, wären alsbald nur noch fade und leblose Mausoleen der Kochkunst. Bisweilen, so scheint es freilich, werden die Nahrungsgewohnheiten der Fremden mehr geschätzt als diese selbst. Bei mediterranen Vorspeisentellern, Osso buco, Couscous, fernöstlichen Fischgerichten oder Borschtsch verzieht kaum jemand den Mund und kommt auf die Idee, das Szenario von »Überfremdung« herbeizureden; bei den Migranten selbst liegen die Hemmschwellen schon niedriger.

Was wäre alle Bodenständigkeit ohne die Ingredienzien aus der Ferne? Kartoffeln brachten, so heißt es, die Waldenser aus dem Piemont erstmals 1701 ins württembergische Unterland. Zunächst misstrauisch gemieden, dann zögerlich als Viehfutter genutzt, veränderte das Nachtschattengewächs aus den südamerikanischen Anden wie überall in Europa auch die hiesigen Nahrungsgewohnheiten von Grund auf. Im Laufe des 19. Jahrhunderts avancierte die nahrhafte Knolle zum Garanten, dass spätestens nach den letzten großen Missernten der 1840er Jahre die massenhafte Erfahrung des Hungers der Vergangenheit angehörte. Längst ist der badische wie auch der schwäbische Kartoffelsalat eine Visitenkarte heimatgeerdeter Küche (unverzichtbar fürs Gelingen: eine gute Sorte, ebensolche Fleischbrühe und die richtige Dosis Essig und Öl, auf dass er ordentlich »schmatzt«).

Auch der Trollinger, zu nichts weniger als dem schwäbischen »Nationalgetränk« erkoren, ist ein Einwanderer. Die Rebe kam bereits mit den Römern nach Deutschland, wo sie zunächst nur in der heutigen Pfalz angebaut wurde. Erst im 17. Jahrhundert gelangte sie ins Württembergische. Also: Der Trollinger ist zwar ein Württemberger, aber ein eingebürgerter, von Hause aus streng genommen ein »Tirolinger«, womit auf das Hauptanbaugebiet verwiesen wäre – in Südtirol firmiert die Traube als »Vernatsch«. So ist das in der Regel mit dem vermeintlich »Typischen«, Ursprünglichen und Altbewährten. Als »typisch« gilt hierzulande auch die Gewohnheit des »Einbrockens« in den Kaffee – wahlweise Hefekranz, alte Brezeln oder auch mal ein Butterbrot (was wunderschöne Perlen auf dem Kaffee funkeln lässt!). Solches, schreibt Angelika Bischoff-Luithlen in ihren Nahrungsstudien von der Schwäbischen Alb, »tut der Älbler mit Leidenschaft und verkämpft sich geradezu in guter Gesellschaft um das Gewährenlassen dieser heimatlichen Vorliebe.« Die schöne Gepflogenheit gäbe es keinesfalls ohne den aus Äthiopien über den Orient eingewanderten Kaffee. Die schwarzen Bohnen hatten längst Europa erobert, als sie erst im 19. und 20. Jahrhundert in der bäuerlichen Morgenmahlzeit die schweren Breie und Suppen verdrängten und einen festen Platz in der Alltagsküche erhielten.

Die Liste ließe sich lange fortsetzen. Da wäre der Tabak, der zwar weder verspeist noch getrunken wird, aber zunächst als Arznei und dann als Genussmittel firmierte. Der Abhandlung von Karl Friedrich Vierordt »Zur Geschichte des Tabakrauchens im Großherzogtum Baden« entnehmen wir den irritierenden Hinweis, dass sein Konsum anfänglich »Taback-Saufen« genannt wurde. Jedenfalls: Auch der Tabak ist – wie viele Genussmittel, Gewürze und Getränke – ein frühes Globalisierungserzeugnis, das erst nach der Entdeckung Amerikas in Europa einzog. Das Rauchen selbst fand im 17. Jahrhundert vor allem durch niederländische Seeleute und die marodierenden Soldatenheere im Dreißigjährigen Krieg Verbreitung. Im Badischen und in der Pfalz bescherte der Einwanderer aus Amerika schließlich Arbeit für die Tabakbauern und prägte Landschaft und Kultur.

Also – das Bodenständige zehrt immer von den »Reingeschmeckten« und ihrem kulinarischen Gepäck. »Reingeschmeckt« – das soll in diesem Buch, in dem Erlesenes aus der Region aufgetischt wird, aber zuallererst als Einladung verstanden werden! Dabei geht es nicht nur um Einblicke in die zwischen Bodensee, Rhein und Main brodelnden Kochtöpfe. Die Texte rund ums Essen sollen auch das Literaturthema Essen schmackhaft machen. Da gibt es nicht wenige poetische Talente aus dem deutschen Südwesten, die das Schicksal von Hungerleidern fristeten, weil das Schreiben nicht zum sättigenden Brotberuf reichte – wie bei Wilhelm Waiblinger, der aus der Enge Schwabens nach Rom flüchtete und sich dort mehr schlecht als recht von seinen Reiseskizzen nährte. Andere, wie Carl Theodor Griesinger oder Johannes Nefflen, ergründeten Charakter und Weltbild ihrer Landsleute oder das soziale Regelwerk des gesellschaftlichen Miteinanders im Wirtshaus. Jacob Picard und Berthold Auerbach machten das Anderssein der jüdischen Minderheit in der ländlichen Welt Badens und Württembergs nicht zuletzt an den rituellen Essgewohnheiten fest. Johann Viktor von Scheffel lieferte außer seiner Sammlung von studentischen Trinkliedern »Gaudeamus« auch kulinarische Preislieder wie jenes auf die deftige »Martinsgans«. Der Bibliothekar Johann Wilhelm Petersen nahm den eigenen Durst zum Anlass, um über die deutsche »National-Neigung zum Trunke« zu räsonieren. Eduard Mörike beließ es bei gelegentlichen Rezeptgedichten. Und für Heinrich Hansjakob oder Wilhelm Hausenstein waren Erinnerungen an ihre badische Kindheit paradiesische Geschmackserinnerungen an frühes Gaumenglück. Eine gewiefte Doppelbegabung wie Vincent Klink (Parole: »Wir schnallen den Gürtel weiter!«) ist gleichermaßen ein Virtuose im Umgang mit ungesättigten Fettsäuren wie dem geschriebenen Wort. Für manche mögen sich selbst die nüchtern vorgetragenen »Praktischen Winke zum Sparen« in Luise Haarers »Kochen und Backen nach Grundrezepten« wie pure Poesie lesen.

Wie Leib und Seele, so werden auch Essen und Literatur gerne gegeneinander ausgespielt. »Zuerst das Fressen, dann die Moral«, befand kurzerhand Bert Brecht – selbst trotz hagerer Gestalt kein Kostverächter, der besondere Vorlieben für die bayerisch-schwäbische Küche seiner Heimatstadt Augsburg hegte. Platon vertrat das rigide Postulat, die leiblichen Gelüste des Essens und Trinkens taugten nicht als geistige Nahrung für Philosophen, wie überhaupt Fragen des körperlichen Befindens kaum Anlass zu philosophischer Reflexion liefern könnten. Essen und Moral auseinanderdividieren zu wollen, erscheint freilich mehr als voreilig – abgesehen einmal von der metaphorischen Liaison, wenn einen der »Lesehunger« oder der »Wissensdurst« befällt. Darüber hinaus gilt allgemein: Immer, wenn etwas Habhaftes auf den Tisch kommt, werden nicht nur Kohlehydrate und Proteine einverleibt – dann geht es auch um kulturellen und sozialen Nährwert, schlechterdings um beides: um Leib und Seele. Die Antwort des Menschen auf sein Magenknurren erschöpft sich keinesfalls in der biologischen Notwendigkeit der Lebenserhaltung. Essen und Trinken – das betrifft alle Facetten menschlicher Existenz: Mangel und Fülle, Genuss und Schönheit, Gier und Überdruss, Verzicht und Leidenschaft, Lust und Abscheu, Ekstase und Entsagung, Paradies und Hölle, Wissen, Glauben, Moral, Weltanschauung … Nicht nur das gute Leben, sondern das ganze Leben eben – von der Mutterbrust bis zum Totenmahl, von der Alltagskost bis zu den Götterspeisen. »Was beim Essen alles mitgegessen wird« hat einmal der Tübinger Kulturwissenschaftler Utz Jeggle aufgelistet und dabei den unerschöpflichen Fundus der mit der Nahrung einverleibten Ingredienzien skizziert: Familienordnungen, Traditionen, der soziale Status des Essers, kulturelles Wissen, die Normen einer Gesellschaft, Moral, Gefühle, Aberglauben, Schönheitsideale, Regeln des Zusammenlebens … Und Jeggle machte in dem Essay »Der Kopf des Körpers« auch darauf aufmerksam, dass ohnehin ein und dasselbe menschliche Organ sowohl für die Nahrung wie für die Sprache zuständig sei – der hochbegabte Mund, mit dem sich obendrein natürlich auch noch küssen und Zähne fletschen lässt: »Hinein schiebt man die Nährstoffe, heraus kommt die menschliche Stimme. Eine merkwürdige Mischung, die das Mundwerk vereint: Eminent materielle Tätigkeiten wie kauen, schmatzen, schmecken, schlucken, dazuhin aber singen, pfeifen, flöten, sprechen, hochgeistige Äußerungsformen also.«

»Nirgends«, so befand Wilhelm Heinrich Riehl, »sind die Volksstämme konservativer, als wenn es um den Mund und Magen geht.« Der Volkskundler mochte sich auf noch so viele eingängige Redensarten von den Bauern berufen, die dasjenige nicht fressen, was sie nicht kennen und stattdessen alles Neue skeptisch beäugen; die Esskultur lebt genau von dem, gegen das sich der skeptische Fortschrittskritiker stemmte: von Dynamik, Wandel und Erneuerung. Ohnehin verbietet sich die generalisierende Rede von den »Volksstämmen« schlechthin. Ein genauerer Blick in die Kochtöpfe zeigt neben Stadt-Land-Differenzen und den sozialen Unterschieden auch bemerkenswerte Abweichungen etwa zwischen Baden und Württemberg – die Badener präsentieren sich in Küchenangelegenheiten offener und vielfältiger, die Schwaben verschlossener und ein wenig einfältiger. Dies hängt natürlich nicht zuletzt mit Gunst und Laune der Natur zusammen, die sich im Badischen ein wenig großzügiger gibt. Von den kargen Schwarzwaldhöhen besehen, präsentiert sie sich im großen Garten des Rheintals zu den Vogesen hin geradezu verschwenderisch. Während im Frühjahr oben noch die Berge schneebedeckt sind, ist die Ebene schon in ein Blütenmeer gehüllt und der erste Spargel darf geerntet werden.

»Das Badische« bestimmte Wilhelm Hausenstein

nicht zuletzt durch seine geographische Lage und verortete es als »der westlichste Westen Deutschlands, aber auch nach Süden weisend«. Der gebildete Diplomat bekannte freimütig: »Es ist doch keine Lästerung, wenn ich gestehe, dass ich mir seit Kindesbeinen das Paradies nicht anders denken kann als mit dem Duft von Akazien aus dem Badischen und mit der lauen Luft des badischen Frühlings, der so zeitig ist, dass der Onkel Gärtner Mitte Februar schon zu bestellen anfing.« Auch der Hohenloher Karl Julius Weber empfand bereits ein Jahrhundert zuvor, Baden sei »ein gesegnetes Land, das alles hat, was der Mensch braucht, um reich, glücklich und zufrieden zu sein«. Neben der Gunst der natürlichen Verhältnisse hatte er dafür noch eine weitere Erklärung parat: »Offenbar hat die Nähe Frankreichs auf die Bewohner Badens eingewirkt, die mir gewandter schienen, denn andere Schwaben, und auch gegen den Namen feierlich protestieren.«

Der Rhein präsentiert sich – was den kulinarischen Grenzverkehr anbelangt – nicht als Flusslauf, der strikt trennt und peinlich auseinanderhält. Nein, umgekehrt: Er verbindet und vereint – entlang der Handelswege des Rheins zirkulierten nicht nur Güter und Menschen. Hier war immer auch ein Umschlagplatz ihrer Ideen – auch Ideen, was denn so alles in die Kochtöpfe wandern könnte. Überhaupt erscheinen die badischen Landstriche in der Küche und im Anbau landwirtschaftlicher Produkte weit offener für Neuerungen und für bereichernde Anregungen von außen als das Württembergische, zumindest das angestammte Alt-Württemberg – in Hohenlohe oder Oberschwaben sieht es schon wieder anders aus. Während im Schwäbischen die Antwort auf Neues nicht selten in nörgelnder Skepsis bestand, wurden in Baden schon beherzter die Kochtöpfe für die Raffinesse der französischen Küche gelupft.

So korrespondiert auch das jeweilige Image der Küchen in den jeweiligen Landesteilen mit den Klischees über seine Einwohner – hier die weltoffenen Badener, da die eingekapselten Schwaben, die mehr nach innen schauen als nach draußen. Diese Gegensätze hat auch Friedrich Theodor Vischer in seinem Essay über »Dr. Strauß und die Württemberger« unterstrichen: »Sparsamkeit, Solidität, Behaglichkeit und Reinlichkeit ohne Übermaß sind die Tugenden, wodurch das schwäbische Haus sich vorteilhaft von dem österreichischen Phäakenleben, der Verschwendung, Putz- und Genusssucht mancher badischen Städte, der häufigen häuslichen Zerrüttung der Bayern unterscheidet. Zugleich ist aber eine gewisse Enge des Horizonts, eine große Dosis provinziell philisterhafter Beschränkung die Folge dieses eng geschlossenen Familienwesens; die Kleinheit des Landes und seine Abgelegenheit vom größeren Verkehre kommt hinzu und erzeugt jenes Aufgucken und Gaffen, wenn ein Fremder mit fremden Formen und Sitten sich sehen lässt, was von diesem leicht als Ungastlichkeit angesehen wird.« Immer wieder kehren auch in den hier vorgelegten Texten bestimmte Klischees über kulturelle Differenzen zwischen Badenern und Württembergern, aber auch über enthaltsame Protestanten und gefräßige Katholiken wieder. Im offenen Baden, dem heiteren Hohenlohe oder in Oberschwaben – hier ist man gerne in der Welt und das mit allen Sinnen. Im Schwäbischen dagegen präsentiert sich das gesellige Leben etwas verzwungener und gehemmter. So zumindest lautet der Tenor nicht nur in Gustav Rümelins Charakterisierung schwäbischer Geselligkeit. Bisweilen scheint Erfüllung nicht im Genuss, sondern eher in der Abstinenz irdischer Genüsse erfahren zu werden. Bei den gemeinsamen festlichen Freuden, so die Beobachtungen des Tübinger Universitätskanzlers, erscheine »das Volk [...] nur als eine Menge von Einzelnen, in zuwartender Haltung, ohne sympathische Haltung, ohne Empfänglichkeit für bedeutsame Vorgänge oder zündende Worte.«

Bei all den feinen Unterschieden zwischen badischen und schwäbischen Kochvorlieben überwiegen aber doch die Gemeinsamkeiten. Franz Schneller hat die Küche seines alemannischen Heimatlandes eine »eklektische« genannt – genährt von den nachbarlichen Einflüssen aus Frankreich, der Schweiz, Württemberg und Österreich, überdauerte doch das kulinarische Erbe die politische Herrschaft in »Vorderösterreich«, zu dem weite Teile Südbadens bis anfangs des 19. Jahrhunderts gehörten. So überwiegen für Schneller die Berührungspunkte; stattdessen lasse sich eher eine homogene süddeutsche Esskultur von einer norddeutschen abgrenzen. Allerdings, so Schneller: »In einem ist man nördlich des Mains uns überlegen: in der Dauerwurst! Aber dort wird eben alles verwurstelt, während bei uns die Wurst nicht diese bevorzugte Stellung auf dem Speisezettel genießt und immer einen ländlichen Einschlag behält.«

Wer die hier gesammelten Texte in einer chronologischen Abfolge liest, überblickt rasch die großen Entwicklungslinien – auch, wenn manches aufstoßen mag und nicht recht schmecken will. Die Errungenschaften der Industrialisierung haben seit dem frühen 19. Jahrhundert nicht nur die Landwirtschaft, sondern die gesamten Ernährungsgewohnheiten in Europa gehörig umgekrempelt. Was man noch im 18. Jahrhundert aufgrund rapide steigender Bevölkerungszahlen für eine Unmöglichkeit hielt: Durch die Produktivitätssteigerungen des Landbaus gelang es überhaupt erst, die Bevölkerung hinlänglich zu ernähren, sodass in Mitteleuropa größere Hungernöte seit der zweiten Hälfte des 19. Jahrhunderts nicht mehr grassierten. Vieles hat die Industrialisierung leichter gemacht. Da sind die Möglichkeiten der Haltbarmachung mittels Konservendose, Einweckglas und später Gefriertruhe. Gleichzeitig stieg der Fleischkonsum als Zeichen wachsenden Wohlstandes von 24 Kilo pro Kopf im Jahre 1845 auf 47 Kilo 1900 (heute sind es über 60 Kilo). Viele Genussmittel (von »Leckerei und Gutschmeckerei« spricht in diesem Buch Karl Julius Weber) wurden erst durch die Industrialisierung für größere Bevölkerungsgruppen verfügbar und haben Vielfalt in eine bis dato oft monotone Alltagsküche gebracht, in der selbst das tägliche Brot keine Selbstverständlichkeit war.

Auf der anderen Seite erscheint die Bilanz schon düsterer, etwa im Fall der zu verzeichnenden Verarmung der Sorten- und Artenvielfalt. Heute decken die drei geschmacksneutralen Apfelsorten Red Delicious, Golden Delicious und Jonagold rund 70 Prozent des europäischen Marktes, während die Gewürzluiken, Brettacher oder Bittenfelder oft genug an den alten Streuobstbäumen hängen bleiben, weil ihr materieller Erlös kaum den Aufwand der Ernte lohnt. Damit einher geht die biologische und kulturelle Verarmung der Kulturlandschaft durch intensive Anbaumethoden. Die Liste an appetitverderbenden Entwicklungen ist lang: So zuverlässig wie der Rhythmus der Jahreszeiten ist mittlerweile auch die Wiederkehr von Lebensmittelskandalen aufgrund von Preisdruck, sind chemische Rückstände in Lebensmitteln oder unkalkulierbare Gesundheitsrisiken durch Gentechnik. In jedem Fall: Die naturgegebenen Grenzen, an welche die Ernährung in der Geschichte der Menschheit stets gefesselt war, wurden in den beiden vergangenen Jahrhunderten unendlich erweitert. Heute gedeiht in einem holländischen Gewächshaus nahezu alles, das essbar ist – ob schmackhaft und bekömmlich, ist wieder eine andere Frage.

Sündenfall also oder Befreiung? Die Oberamtsbeschreibungen zeigen, wie die Industrialisierung die Ernährung vom natürlichen Rhythmus der Jahreszeiten unabhängig gemacht hat. Ist das eine Bereicherung, wenn alles jederzeit verfügbar ist, oder eine Verarmung? Die Industrialisierung hat viele Probleme beseitigt – aber gleichzeitig neue geschaffen. Noch nie stand vermutlich so viel Wissen zur Verfügung über Ernährung und all die Substanzen, die Menschen sich einverleiben, über Nährstoffe und ihre Wirkweisen, über Kalorientabellen, Überernährung und Essstörungen. Gleichzeitig wurde vielleicht noch nie so schlecht und bedenkenlos gegessen wie heute.

Einfalt oder Vielfalt? Oft mit Wehmut und nicht selten mit Untergangsstimmung wird im Zeitalter der Globalisierung die Standardisierung und Nivellierung der Nahrungsgewohnheiten beklagt. Das ist – recht besehen – nur die halbe Wahrheit. Die Globalisierungsschübe der vergangenen Jahrzehnte produzierten nicht nur kulinarische Monokulturen, sondern auch eine neue Vielfalt, indem bestimmte Nahrungsmittel erst zugänglich wurden. Die globale Uniformierung des Geschmacks bildet ohnehin nur ein Trend. Als Reflex darauf und als Gegenbewegung setzte geradezu eine Rückbesinnung auf regionale Traditionen und Rezepte ein. Eine Antwort auf die drohende Langeweile uniformer Ernährung bestand auch in der Wiederentdeckung allerlei regionaler Speisen, die in der tristen Sorten- und Artenarmut der industrialisierten Landwirtschaft kaum noch Platz fanden. Die Population der hällisch-fränkischen Schweine jedenfalls ist in den vergangenen zwanzig Jahren enorm gewachsen! Hinzu kommt die Renaissance von Dinkel, der in seiner früh geernteten Form Grünkern heißt, oder der Wiederanbau von Alblinsen. Längst werden mittlerweile auch in Sterne-Restaurants die einstigen Armeleute-Mahlzeiten und Kreationen der Resteverwertung wie Ofenschlupfer oder Gaisburger Marsch als Spezialitäten und gehobenes Kulturgut kredenzt!

Siehe da: Das kulinarische Gedächtnis der Regionen vergisst nicht so schnell Bewährtes. Wie gesagt: Essen und Trinken – das betrifft das ganze Leben. In diesem Sinne sollen auch die für diesen Band aus ganz unterschiedlichen literarischen Beständen zusammengeklaubten Schriften zur südwestdeutschen Esskultur über das Leben der Menschen erzählen – über ihren Glauben und ihre Weltbilder, Gesundheit und Krankheit, Armut und Macht, das gesellschaftliche Miteinander, Alltag und Feste, Mangel und Überfluss, Erfahrungen von Glück und Not – angefangen vom Glück der Kindheitsschleckereien bis hin zur Trauer beim Leichenmahl, bei dem bisweilen freilich (wie auf den letzten Seiten dieser Anthologie nachzulesen ist) das Leid des Abschieds schon wieder unversehens in opulenten Appetit, Durst und Lebenshunger umschlagen konnte …

Friedemann Schmoll

Substanzen –
fest und flüssig

Karl Julius Weber

Die Nahrung

Die Nahrung, oder die Lebensordnung (Regime), wohin Speise und Trank zunächst gehören, wozu von den Alten aber auch noch Luft, Bewegung, Ruhe, Schlaf und Wachen und Arbeit gerechnet wurde, bestimmt unsere geistige Natur eben so sehr als unsern Körper. Der Einfluss der Lebensmittel, die alle Tage einwirken, bei einigen alle 24 Stunden, bei vielen den ganzen langen Tag hindurch, ließe sich gar nicht berechnen, wenn ihn nicht die Gewohnheit, die selbst Gifte vertragen lehrt, wieder schwächte wie das Klima. Ohne animalische Diät, selbst ohne Rentierblut, könnten die Polarzwerge nicht gedeihen, selbst wenn ihr kahler Boden den Pflanzenbau begünstigte, und in heißen Zonen würde der Mensch verfaulen ohne Pflanzennahrung und blühende Früchte. Wir bleiben in weiser Mitte – essen Tiere und Pflanzen, und ein künftiger Dr. Gall sagt uns vielleicht, wie jede Speise unsere Säfte anders modifiziert – ihren noch subtilern Einfluss auf Gehirn und Nerven, und vielleicht mehr Wahres, als von bloßen Knochen sich sagen ließ. Viele leben, bloß um gut zu essen und zu trinken; das Tier genießt Speise und Trank, bloß um seine Tage zu fristen, folglich unterscheiden sie sich wesentlich vom unvernünftigen Tier.

Das ganze Naturreich liefert dem Menschen Nahrung, selbst das Mineralreich für das bisschen Staub, das wir am Ende des Liedes der Mutter Erde zollen. Wir sind nicht mehr mit bloßen Äpfeln zufrieden, mit Eicheln oder Milch, unser Gaumen ist der Tyrann des Magens geworden, und wir sind Pflanzen, wie Boerhaave sagt, die ihre Wurzeln im Magen haben. Die Natur hat gewollt, dass wir das Futteral unseres Geistes täglich dreimal zusammen leimen müssen, wenn es nicht zusammenfallen soll, wie das Feuer Holz braucht, wenn es wärmen und nicht Asche werden soll, wie das bestgeleimte Futteral dennoch wird. Aber die Natur ist unschuldig, wenn Unmäßigkeit in Speise und Trank und Leidenschaften Krankheiten zur Folge haben. Tiere leben nach der Natur, und so sind sie in der Regel ohne Krankheiten, folglich auch ohne Licentiati Doctores und ihre lateinische Küche.

Ein Mensch verbraucht monatlich mehr Nahrung, als sein Körper an Gewicht beträgt, und ist durch Speise, Trank und Luft wenigstens vierzehnmal im Jahr – ein neuer Mensch, während es oft ein ganzes Leben bedarf, um es moralisch zu werden. Viel, gar viel hängt vom Kloster Maulbrunn ab, und von dem teuren Loch unter der Nase, wie unsere Eltern scherzten. Die erste Nahrung des Menschen waren wohl Baumfrüchte, und die Mosaische Urkunde bestätigt diese Meinung; zur

Abwechslung mögen sie noch Wurzeln und Kräuter gesucht haben, fressen ja die Otomaken und Neger noch heute sogar Letten. Schwerlich wurde der Unglücksapfel, den Eva Adam reichte, geschält, und Adam war der Erste, der in einen sauren Apfel gebissen hat.

> Der Adam gar possierlich isst,
> Zumal wenn er vom Apfel frisst.

Später entzündete der goldene Apfel der Eris gar den trojanischen Krieg, genug, Äpfel waren die ersten Zankäpfel!

Der Mensch veredelt sich durch reiches und gutes Futter wie das liebe Vieh, und Speisen wirken auf die Seele, wie die genossenen Kräuter der Kuh in die Milch schlagen. Der Finke, der nichts als Hanfsamen kriegt, wird schwarz, und bei einem leeren Magen leidet der Geist früher als der Körper. Die Muttermilch oder gar Ammenmilch, ist gewiss die Grundlage mancher moralischen Eigenschaften, so wie der tägliche Anblick des Herrn Vaters sicherlich manchem Knaben dessen Tugenden inoculiert, seinen Leichtsinn und Sinnlichkeit, Lügen und Betrügen. Schon unsere alten Germanen hatten aprestia poma (wilde Äpfel), gemeines Obst (nicht gerade Holzäpfel), neben Milch und frischem Wild, und diese cibi simplices (einfache Speisen) sind noch heute eben nicht auf allen Dörfern, wobei jedoch, neben Mehl, Rindvieh, Schwein und Geflügel, ein ehrlicher Mann wohl bestehen könnte. Das gemeine Obst ist veredelt, selbst die gemeine Möhre bis zum Kaffee, und jener Hirtenjunge, der Marie nur Holzäpfel opfern konnte, sagt: »Brate sie nur einmal!« Der Unterschied zwischen dem Urmenschen und dem jetzigen ist so groß wie zwischen dem ungarischen Wildfang und dem veredelten zugerittenen Pferde an voller Krippe in dem goldenen Zeitalter.

> Da lebte Mensch und Tier vertraut,
> Da aß man Kohl und Sauerkraut,
> Doch sicher ohne – Blutwurst.

Fleisch war früher als Brot, die Mahle der ältesten Völker bestehen aus Fleischspeisen wie der Wilden und Briten. Wahrscheinlich tranken die Nomaden der Alten auch das warme stärkende Blut der Tiere wie die Wilden Nordamerikas und unsere Gemsjäger, die wohl wissen, dass Krammetsvögel, wenn sie gerade Kreuzbeeren gefressen haben, schon von der Schüssel weg – purgieren. Das Brot fordert mehr Vorrichtung als das Fleisch, daher es auch früher Brei gab als Brot. Man aß das Fleisch roh, wie noch bei vielen Völkern geschieht: im ganzen östlichen Ozean essen sie die Fische roh, und das Wort Esquimaux, wie Samojede, bedeutet Rohesser; die Ostiaken schneiden das Fleisch in lange Streifen und tunken sie ins Blut. Ich beneide die Bauern, die zu ihrem Sauerkraut oder Erbsen und Linsen drei bis vier Finger dicken Speck verschlingen können, der mir so zuwider geht, dass ich stets der Meinung gewesen bin, dass gelegenheitlich des Gergesener Teufelspuks den Schweinen etwas Dämonisches stecken geblieben sei zwischen Haut und Fleisch.

Das erste Brot aber, das gegessen wurde, war die Kommunion des Menschengeschlechts, wenn es gleich heißt: Aqua et panis, vita canis (Wasser und Brot ein Hundeleben), und der paradoxe Linguet das Brot für schädlich erklärte, und von solchem alles physische Elend ableiten wollte. Aber falsch ist der Satz: »Der Mensch ist ein Tier, das Brot isst«, denn es gilt nur von Europa, und in andern Weltteilen ist Brot so gut Seltenheit und Delikatesse, als bei uns Cassana, Bananen, Reis und früher die Kartoffeln. Wir wollen aber immer bei Brot bleiben, wenn gleich Linguet dem Ackerbau den Fischfang vorzieht, und sich noch lächerlicher macht: »Man braucht Fische ja nur zu fangen – nicht zu säen!« Ein König von Dänemark sagte einem Minister, der ungemein für den Heringshandel war: »Er wird wohl gern Hering essen?« Das wussten selbst die Poissarden zu Paris besser, und dass das Wohl und die Ruhe des Staats auf Brot ruht, daher riefen sie. Als sie Louis XVI., seine Gemahlin und den Dauphin von Versailles nach Paris brachten: »Voilà le Boulanger, la Boulangère et le petit Mitron!« (Hier ist der Bäcker, die Bäckerin und der kleine Bäckerjunge).

Der Erfindung des Brotes verdanken wir die Kultur unseres Geschlechts, daher ihr auch die Alten göttlichen Ursprung beilegten, obgleich der Zufall, wie bei den meisten Erfindungen, das Beste tat. Eine alte, geizige Hausfrau, die ein Restchen alten Teiges nicht wollte umkommen lassen, und es zu einem andern Teig mischte, dachte nicht daran, dass sie den Sauerteig erfinden würde, der das Brot erst schmackhaft und leicht verdaulich macht. So lief aus Robinsons gebrannten Töpfen stets das Wasser, nur aus einem nicht, in welchen zufällig etwas Steinsalz geraten war, und so bekam er die Idee von der Glasur. Jahrhunderte mögen hingegangen sein, ehe der Mensch auf die unscheinbare Getreidepflanze geriet, deren Körner aß, dann röstete, zermalmete zu Mehl, Wasser darüber goss und den Brei erfand, andere Jahrhunderte bis Abraham die Engel mit Judenmatzen seiner Sarah bediente. Wenn es auch Mühlen gegeben haben sollte, so gab es doch sicher noch keine Müller. Vielleicht eiferten diese einfachen Zeiten über die Üppigkeit, wie über den, der Schuhe machte, das erste Pferd oder die erste Kutsche bestieg, und wenn es regnete, sich einen Regenschirm bildete. Wer auch Ceres gewesen sein mag, sie verdient einen Altar und das chinesische Ackerfest Nachahmung. Das Brot ist Alles, und daher sagen wir auch statt töten – einem vom Brot helfen.

Brot, Wasser und Kartoffelmast, so wie der Bier- und Branntweinpuls des Nordens sind dem Komischen nicht günstig, jedoch gibt es Bierländer, wo es ziemlich lustig zugeht, und der Bierwirt seinen Gästen schon über seiner Haustür die Versicherung dieses und des zukünftigen Lebens gibt:

> Gott fürchten macht selig,
> Biertrinken macht fröhlich,
> drum fürchte Gott und trinke Bier,
> so bist du selig und fröhlich allhier.

Tee, Butterbemme und Schnaps, dann und wann ein Schweinbraten mit Kartoffel, verhalten sich zu Wein, Kälber- und Wildbraten und Henkeln wie Porer und Roastbeef zu Bouillon und Semmeln, und wie Rheinwein zu Jagst- und Kocherweinen, und wie Ernst zu Scherz, oder vielmehr ernster Scherz. Lord Bristol ging ein bisschen englisch zu Werke, wenn er die Deutschen in Weintrinker oder Schelmen, und in Biertrinker oder Dummköpfe abteilte. Jetzt würde er eine dritte Klasse annehmen müssen, Wassertrinker, die vielleicht mitten inne stehen.

Mit Amerikas Entdeckung verdrängte nach und nach die Kartoffel fast das Brot, diese wahre Ananas Troglydtes des Volks: seitdem sterben mehrere an Asthma, die aber vielleicht verhungert wären, oder bekommen solche weiten Bäuche, dass sie kaum zu sättigen sind. Die Kartoffel ist eine Portion Mehl, von Mutter Natur in das wohlfeilste Säckchen gehüllt, das geröstet sich mitessen lässt, und ein Mehl, das wie das Manna der Kinder Israel jeden Geschmack annimmt, den man sich dabei einbildet. W. Raleigh brachte solche 1581 aus Amerika nach England und starb auf dem Blutgerüste. Wer diese Lebensknollen nach Deutschland brachte, ist so unbekannt als andere Wohltäter der Menschheit. Sie retteten 1771–1772 Deutsche vom Hungertode, und im Hungerjahr 1817, wo sie missrieten, hatten wir bessere Polizei und Rumfordische Suppen. Dieser Nachschatten (wozu man noch die weit schmackhaftern Bataten fügen könnte) vertritt jetzt bei Millionen, neben Branntwein, die Stelle des Fleisches und Brotes –

> schön rötlich die Kartoffeln sind,
> und weiß die Alabaster,
> sie sind für Menschen, Schwein und Kind
> ein echtes Magenpflaster.
> [...]

Die Sumpflust, die Einsamkeit in den zerstreuten Kempen macht Holländer und Westfälinger ernst und traurig, vielleicht auch angestrengte Arbeit, und wohl am meisten der Pumpernickel, Grobbrot (bon pour Nickel), ihre Saubohne, Pappe und ewiges Schnapsen, das nur selten durch sogenannten Kaffee oder Tee unterbrochen wird. Der treffliche Schinken geht ins Ausland (jambon de Mayence) und nur der Speck bleibt. – In dem Lande, von dem es heißt: hospitium vile (schlechte Herberge), grob Bier, dünn Bier, lange Mile, erinnert alles an die Schweine der Gergenser, die der größte Menschenfreund, Jesus selbst – zum Teufel jagte. In unserm Norden lebt man wie auf den Schiffen. Die Sachsen, Hannoveraner und Hessen (Zwetschgenfresser) machen den Übergang zum Süden, und in mancher Gegend könnte man auch Salatfresser annehmen, die gar wohl mit dem Salat ohne Braten zufrieden wären, hätten sie nur stets Speck dazu, und von dem italienischen Salat des Papstes Sixtus (Zechinen) ist ohnehin keine Rede.

Das Phlegma des Baiern rührt offenbar von seinen starken Bieren, Dampfnudeln und Bauchstecherl. Im lustigen Franken und Schwaben fehlt es zwar auch nicht an Mehlspeisen, aber es ist doch alles leichtern Gehalts wie Grieskürbel der Nürnberger zum Peiterli-Floasch. Der echte Schwabe hat montags Nudele, dienstags Hutzele, mittwochs Knöpfle, donnerstags Spätzle, freitags gedämpfte Grundbirn, sonnabends Pfannkuchen, sonntags Brätle und Salätle –

> Saure Nierle, Sauerkraut,
> Knöpfle, Saublut in der Haut,
> und ein Glas vom Besten!

Und dieses Beste ist eigentlich das wahre reagens, das ihn über den Biernachbar erhebt. Reiner guter Wein ist eine wahre Panacee, und sicher erleichtert im Orient nichts so sehr die Verbreitung der Pest als das Verbot des Weines. Das Bier ist flüssiges Brot, der Branntwein verklärtes Brot, aber schon Jesus sagte: »Der Mensch lebt nicht vom Brot allein – Wein her!« […]

Fleischnahrung mag Natur sein, da wir Hund- und Schneidezähne haben, aber Pythagoras Lehre: »Töte nichts, was Leben hat« hat doch für eine sanfte Seele ungemeinen Reiz, und ohne die liebe Gewohnheit schauderten wir vor Fleisch. Das Pflanzenreich ist so reich, und nebenher hätten wir noch Milch und Eier. Fleisch und Wein machten die Menschen offenbar wilder, und verkürzen vielen das Leben, die sich allzu sehr stärken wollen. Echte Pythagoräer verschmähten sogar Eier, weil sie das Prinzip aller Wesen und älter seien als die Hennen. Johannes der Täufer aber aß Heuschrecken, wie viele Orientalen noch heute, und wenn die Acridophages damit umgehen wie die Italiener mit Maikäfern, kann man schon mithalten, eher als an mancher hohen Tafel – Plus l'interieur se corrompe et plus l'exterieur se compose (Je mehr das Innere verdirbt um so mehr bildet sich das Äußere). Franklin lebte lange ganz pythagoräisch, Reis, Kartoffel, Wasser – da er aber einst einen kleinen Fisch in dem Magen eines großen fand, so sagte er sich: Ho! Hoh! Fresst ihr euch untereinander selbst, so weiß ich nicht, warum ich euch nicht auch fressen soll! […]

Die scheußlichste Fresserei bleibt die Menschenfresserei, die noch heute in Australien hergebracht ist, wo die Hinterbacken und Brüste, Hände und Fußsohlen des Feindes für die größten Delikatessen gelten, so wie unsern Gutschmeckern Bärentatzen, Hühnersteiße, Schinken etc. oder Elefantenfüße, Flusspferdszungen und Kamelbuckel, welche drei letztere zu kosten ich nie Gelegenheit gehabt habe. Diese Menschenfresser finden Weiße schmackhafter als Schwarze, Weiber und Kinder schmackhafter als Männer, und Engländer essen sie auch lieber als Franzosen. Menschenfleisch soll angenehm sein, und daher ist es gut, wenn man selbst zur Zeit der höchsten Not nicht erlaubt, sich von Verstorbenen zu nähren. Unsere Redensarten – einen aus Liebe fressen, nach Blut dürsten – stammen vielleicht aus den Zeiten, wo deutsche Wilde sich ähnliche Leckereien erlaubt haben mögen? Die Wilden fressen ihre Feinde aus Rache, nicht aus Not, und sagen: »Ihr übergebt sie der Erde und den Würmern, wir unserem eigenen Leibe, was ist besser?« Besser sind in der Tat noch diese Kannibalen, als die Herren, die einst um des Glaubens willen den Feind dem Feuer übergaben, da sie ihn nicht fressen konnten, aber doch fort haben wollten.

In unserer langen Kriegszeit, wo jeder suchen musste, sich so ehrlich durch die Welt zu schleichen als möglich, hat man Vorschläge in die Wette gemacht zu den ungenießbarsten Speisen, als ob hinter der Teuerung auch Hungersnot einherschreitet. Aller Unterschied zwischen reinen und unreinen, d.h. essbaren und nicht essbaren Tieren, verschwand, und so war es zu verwundern, dass man nicht auf das unreinste aller unreinen Tiere im mosaischen Sinn, auf den Menschen, verfallen ist, die ohnehin wie junge Hühner abgeschlachtet wurden in Schlachten nicht bloß, sondern am Sitz der Kannibalengreuel der Revolution wirklich sollen zur Speise benutzt worden sein. In Deutschland gab es im Hungerjahr 1771 einen Thüringer Hirten Goldsmith, der Menschen fraß – dies haben wir doch im Hungerjahr 1817 nicht erlebt, wo doch mancher dem Schinder ins Handwerk griff, und wir den Germanen des Tacitus glichen, die nur Winter, Frühling und Sommer kannten, aber keinen Herbst. Autumni nomen et bona ignorantur (den Namen und die Güter des Herbstes kennt man nicht).

Man hat Baumrinden, Wurzeln aller Art, Flechten und Moose vorgeschlagen, immer besser als die verdächtigen und doch Gutschmeckern so willkommenen Schwämme, deren Namen fungi die Alten von funus oder fugere ableiteten, deutsch Teufelsbrot, und die wenig Nahrungssaft enthalten; mancher gab schon sein Leben für einen Pfifferling! Indessen will man doch von der Rapunzel behaupten, dass ein Pfund derselben mehr Kraft habe als fünfzig Pfund Ochsenfleisch, und das Tausendguldenkraut bleibt immer das erprobteste. Man hat Hunde-, Katzen-, Pferde- und Eselsfleisch recht vernünftig vorgeschlagen, und selbst Fuchs und Wolf, die aber wie alle bloß Fleisch fressenden Tiere – bei lebendigem Leibe stinken. Der Zigeuner isst zwar Katzen unter dem Namen Scheuerhasen, aber echte Hasen würden auch ihm besser schmecken, wie Henri's IV. Huhn im Topfe besser als Ratten und Mäuse. Not aber hat kein Gebot, und Cooks Schiffsmeister teilte mit seiner Katze brüderlich jeden Morgen die gefangenen Ratten. Die Nubier essen Krokodile, die Westindier den Leguan (der selbst in London Beifall fand), wie wenn wir Eidechsen-Frikassee machen wollten, vorausgesetzt, dass sie nicht wirken wie der Stincus marinus.

Das ganze Mittelalter hindurch speiste man in dem leckern Frankreich und in den besten Häusern Reiher, Kraniche, Störche, Schwan, Geier, Rohrdommel und Raben, und warum nicht? Franzosen und auch andere halten Froschschenkel für eine Delikatesse, und von Schenkeln wäre nicht weit zum ganzen Frosch, wobei nur zu bedauern ist, dass unsere Frösche keine Amerikaner sind, groß wie Kaninchen. Wer Schnecken mit Häuschen liebt, könnte auch die nackten schwarzen und roten Erdschnecken speisen, die mehr ausgäben (auch 1817 von vielen gegessen worden sind) und nebenher ein Wohltäter des Landmanns werden. Unsere frischen Flussmuscheln sind einmal besser als verdorbene Austern, und wer Aale liebt, äße gewiss, wenn man es ihm nicht sagte, mit demselben Appetit unsere Schlangen, als kleine Aale, da Neger und Amerikaner solche essen, die freilich mehr ausgeben, und Italiener die Vipern, die wie junge Hühner schmecken sollen, und weniger tranig als die Leckereien der Prälaturen, Biberschwänze und Fischottern. Im Mittelalter liebte man auch die Robben aus Norden, erklärte diese warmblütigen Säugetiere, gerade wie Biber und Fischotter, für – Fische, um doch einige Abwechslung in die harte Fastenzeit zu bringen.

Pfiffige Gastwirte haben schon oft ihrem Gast Dohlen und Raben statt Tauben vorgestellt (in Göttingen war der Fall) und spaßhafte Jäger Fuchs und Katze statt Hasenbraten, die den Fuchs und die Katz nicht um den bloßen Balg schinden wollten, und so könnte man zur Abwechslung mit den Schnepfenstrichen auch Kuckuckstriche halten. Die Igel müssten nicht übel schmecken, da sie von Obst und Feldmäusen so fett werden wie das Schwein von der Eichelmast, wie Zigeuner wohl wissen, und auch vom Dachs könnte man vielleicht mehr brauchen als Fett und Fell. Gegen die Fledermäuse, die der Madagaske fängt, ließe sich höchstens einwenden, dass sie nicht so groß sind als der Vampir, folglich kaum der Mühe wert, auf sie sein Pulver zu verschießen wie auf Spatzen und Schwalben auch. Der hungrige Italiener fängt selbst die Singvögel, um sie teurer zu verkaufen, die schöne Natur um die schönste lebendige Zierde zu bringen, und den Wonnemond um die gefühlvollen Konzerte der Nachtigallen unter Gottes freiem Himmel. Unsere Gesetze setzen zwar 5 Gulden Strafe darauf, werden aber – nicht gehalten!

Hätte der Krieg noch länger angedauert, wer weiß, was wir nicht hätten essen lernen, und was werden wir erst essen lernen müssen, wenn gar einmal der ewige Frieden St. Pierres ewig die Erde beglückt? Die Blattern sind so gut als ausgerottet, die Polizei wacht über epidemische Krankheiten, Kleebau und noch mehr die Kartoffel (zuerst gleich der Ananas nur auf fürstlichen Tafeln, aber schon 1648 von einem darmstädtischen Pfarrer zu Biberau levitisch gezehntet) haben zur Bevölkerung noch mehr beigetragen, vielleicht essen wir noch, wie Neu-Kaledonier und Otomaken, Erde, wie die Arbeiter in den Sandsteingruben des Kyffhäusers in Sachsen, einen feinen Ton, Steinbutter genannt, auf ihr Brot streichen sollen? Hunger hat schon die Menschen gezwungen, einander selbst zu fressen, und sie fraßen sich lange genug ohne alle Hungersnot. Was zum Munde eingehet, spricht Jesus, ist keine Sünde, sondern was herausgeht.

Essen und Trinken hält einmal Leib und Seele zusammen, und der größte aller Schmerzen ist Hunger und Durst. Der Feldherr, der seinen Soldaten von Ehre und Patriotismus vorschwatzt, kommt damit nicht so weit, als der ihnen Brot und Fleisch, Bier und Branntwein in Magen gibt, und Lauswenzel in ihre Stummel. Als das römische Volk um Getreide schrie, sagte Cato: »Der Bauch hat keine Ohren«, und wir sagen: »Der Hunger ist ein Unger«, und der Durst kann zum Genuss des eigenen Urins steigen. Hunger und Durst, wie Hitze und Kälte, könnten gar wohl unter den fünf Sinnen, den siebten bis zehnten Platz einnehmen, der sechste wird indessen stets die meisten Liebhaber zählen, am liebsten geübt, und daher auch am ehesten stumpf werden. […]

Der Hunger lässt sich ungefähr mit zehn Zentnern jährlich abspeisen, und Ärzte behaupten, dass der Durst mit zwei Maß Flüssigem täglich zu löschen, ja es sogar gesund sei, dann und wann zu hungern, nie aber zu lange zu dürsten. Wir müssen durch Nahrung ersetzen, was wir durch Ausdünstung verlieren, und wir verlieren etwa fünf Pfund, wie Sanctorius will, der dreißig

Jahre lang Speis und Trank, und selbst seinen Abgang sorgfältig abgewogen hat. Aber wie wenige begnügen sich mit so kleinen Portionen, viele verlangen Heu- und Haferrationen, und gar viele haben nicht getrunken, wenn sie nicht gesoffen, und gar viele haben nicht gegessen, wenn sie nicht gefressen haben? […]

Es bleibt wahr: »Je gebildeter der Mensch, desto weniger braucht er«. Aber gleich wahr bleibt, dass es nicht gleich viel ist für den Lebensgenuss, Gesundheit und Geistes-Heiterkeit, Essen und Trinken um zu essen und zu trinken, sondern dass es auch mit Vergnügen geschehe, und daher gebührt der Kochkunst, so verschrien sie sein mag, und gutem Wein immer ein Kapitel, das wir nicht vergessen wollen. Der stolzeste Koch zu Paris und Wien kommt lange nicht dem Koche bei Athenäus (VII. 11, oder bei Anacharis II.) bei: »Je weniger einer indessen braucht«, sagte der weise Sokrates, »desto mehr nähret er sich den Göttern, die gar nichts brauchen!« Man denke an die Niederländer bei Fischen – an die Schweizer bei Milch und Käse, an die Korsen bei Kastanien in ihren flachen, sumpfigen oder steilen Berggegenden – hier zeigte sich Selbstgefühl, Freiheitssinn und Mut!

Diät ist für den Leib, was Einsamkeit und Zurückgezogenheit für den Geist. Tausenden ist es gleichviel, wenn sie nur gut essen, trinken und schlafen, die wahre Weisheit des Lebens aber besteht in Mäßigung der Lüste und Begierden, was uns schon das uralte indische

Emblem, das Moses nur kopierte, lehren kann, die Schlange, das Symbol der Klugheit reicht den Menschen den Apfel. Umstände und Gewalt haben schon Menschen gezwungen, alles zu essen, aber noch nie – alles zu glauben, und alles, was zur Ehre der Menschheit gereicht, kann man nicht sorgfältig genug bemerken, da es nur wenig ist. Jedes Tierchen geht seiner Nahrung nach, der Maulwurf unter der Erde nach Regenwürmern, wie der Feldherr über der Erde dem Feinde, und so sterben beide in ihrem Beruf. Essen und Trinken hält Leib und Seele zusammen, und sollten wir wenigstens den sezierten Leichen den hungrigen Magen unter den einen, und die durstige Leber unter den andern Arm ins Grab geben, wie den gebratenen Geflügel auf der Tafel.

Johann Wilhelm Petersen

Geschichte der deutschen National-Neigung zum Trunke

Die Geschichte einer, auch sinnlichen Volksneigung ist keine eitle Unerheblichkeit. Ihr Entstehen, Steigen, Fallen, und Übergang in eine andre; ihr Einfluss auf Sitten, Sprache, Geist und Verfassung eines Volks sind für den Geschichts- und Seelenforscher lehrreich und wichtig; für den Leser zur Belustigung aber anziehend und interessant. Wir lernen nicht allein den einzelnen Menschen und die verschiedenen Zeitalter genau und anschaulich kennen, sondern gewinnen selbst Aussichten auf den Lauf der Dinge, und den Gang der Menschheit im Großen.

Einer solchen Neigung, welche ehemals ein Bestandteil unsers Nationalcharakters war, hab ich, nach obiger Weise, in dieser Schrift nachzuforschen gesucht, und wage sie jetzt als einen Beitrag zur Geschichte deutscher Art und Sitte, dem Publikum vorzulegen. […]

Man kann an allen rohen Völkern die Bemerkung machen, dass sie dem starken Getränk äußerst ergeben sind. Indem es das Blut erwärmt, die Nerven kitzelt und die Einbildungskraft befeuert, entflammt es die Seele, und hält sie einigermaßen vor dem Mangel andrer Tätigkeiten schadlos. Für den alten Teutschen aber hatte es nicht besondere Reize. Bei dem vielen Schwimmen, dem immerwährenden Jagen und Kriegen in einem feuchten, rauen, waldichtwilden Himmelstriche musste ihm ein reizendes, erwärmendes Mittel die erquickendste Stärkung, anderseits wegen dem Müßiggang und der stolzen Arbeitsscheue, eine unwiderstehlich-lockende Unterhaltung sein. Und da überdies jede Art von Rausch und Trunkenheit ein Zustand des Gefühls ist, welchen die Wilden für höchstangenehm, ja für himmlisch halten, so konnte er auch dem rasenden Freiheitsdrang der Teutschen nicht anders, als walhallisch dünken.

Nichts natürlicher daher, als dass sie frühzeitig mit Wasser und Milch allein sich nimmer begnügten. Das neue selbstbereitete Getränk war eine Art Bier, aus Gerste, Haber, oder einem andern Getreide gepresst, und nachhin bei den Thüringern, östlichen Franken, Angelsachsen und andern Germanischen Völkern gewöhnlich mit Honig vermischet. […]

Auf den Wein mussten sie allerdings erpichter sein, da ihnen die Nachbarschaft der Römer denselben gewiss verraten hatte. Dennoch ließen ihn, wie Cäsar sagt, die Sueven, der größte Stamm, nicht zu sich einführen, weil er ihnen die Ausdaurungskraft nähme, und sie zu Weibern mache. Man weiß, dass ganze americanische Nationen durch den ungewohnten und allzu starken Genuss hitziger Getränke ausgestorben sind. Es mag also sein, dass auch manche Sueven durch den Wein krank und entmannet werden. Allein diese Weinscheue herrschte wenigstens nicht lange und nicht allgemein, denn, dem Tacitus zufolge, kauften die Rheinländer dieses Getränk. […]

Wie aber diese Trunkliebe zu einer eigentlichen Nationalneigung ward, verdient eine genauere Erörterung. Das Trinken überhaupt zieht stärker an, als das Essen, weil es die Seele munterer und mutiger macht, Gefühl seiner Kraft in dem Menschen erweckt, und länger genossen werden kann. Wenn sich aber noch angenehme Nebengefühle damit verbinden, dann wird sein Reiz für rohe Völker unwiderstehlich, indem die Einbildungskraft dieselbe immer wieder zurückführt, dadurch die sinnliche Begierde reg hält, und auf diese Weise in dem Menschen einwurzeln lässt. Eben diese vereinigten Lockungen bewirken die eigentliche Trunkliebe der Teutschen. Die Art ihrer Verfassung, ihre öffentlichen Gerichte und Beratschlagungen, ihre gemeinschaftlichen Opfer und Feste, die lehenähnliche Verbindung, da junge Krieger bei Fürsten oder Heerführern im Dienst und Unterhalt standen; alles dieses veranlasste große und häufige Zusammenkünfte. […]

Veränderung der Sitten

Es musste also ein neuer schicklicherer Teufel gesendet werden, um diesen berauschenden Sauteufel, der noch immer herrschte, auszutreiben. Und der kam auch in einer gemäßeren Gestalt, aber nur schleichend und allmählig im Chocolat, Tee und Kaffee. Den ersten hatten die Spanier, den andern die Jesuiten aus China und Japan gebracht, den letzteren türkische Kaufleute i. J. 1650 in Marseille eingeführet. Vor dem Jahr 1680 scheinen indessen diese neuen warmen Getränke in Teutschland unbekannt gewesen zu sein. [...]

Allein seit 40 Jahren, da französische Heere kamen, Komödianten und Gouvernanten und Servanten ihr Licht leuchten ließen, Weichlichkeit und Leckerei überhaupt stärker hereindrangen, rissen diese warmen Getränke auch in Oberdeutschland ein, und herrschen jetzt allenthalben. Wie ehemals der Hirnschädel hieß, aus dem der blutbespritzte Kriegsheld Bier trank, so heißt nun das Gefäß, aus welchem das Mädchen Kaffee schlürft, Schale. König Friederich ward noch mit Biersuppe erzogen, aber die Kinder von tausend seiner Untertanen schon mit Kaffee. Die Seuche blieb nicht nur in den Städten, sondern steckte sogar Bauern und hartarbeitende Taglöhner an. Und so ward allmählich diese Tee- und Kaffeesäuferei zu einem Verderber, welcher die Gesundheit schwächte, weibliche Schlappheit und Empfindelei ausbreitete, viele Haushaltungen mit zu Grunde richtete, das Mark der Nation anfraß, und jährlich gegen 24 Millionen Gulden aus Teutschland schleppet.

Und so sahen wir, dass es mit ganzen Völkern, wie

mit einzelnen Menschen ist. Eine böse, heftige Neigung wird selten vertilget, außer durch eine andre; ein Teufel nicht ausgetrieben, als durch einen andern.

Gaumenglück der Kindheit –
Geschmackserinnerungen

Heinrich Hansjakob

Aus meiner Jugendzeit

Das Vaterhaus

Da, wo Stadt und Vorstadt der Heimat sich schieden, an einer Ecke der Trennungsstraße, steht mir das Vaterhaus, ein Bürgerhaus wie die meisten Häuser der Art in kleinen Städten. Vater und Mutter waren als angehende Eheleute in das zur Gründung ihres Hausstandes neu gekaufte, von einem Schneider eben erbaute Haus gezogen. Mein braver Vater war Bäcker, wie der Großvater und Urgroßvater, und wie seine sämtlichen Brüder. Die Zahl der Bäcker in meiner Vaterstadt ist überhaupt Legion. Und es hat mich schon in der Jugend oft gewundert, wer das Brot alles essen möchte, das von diesem Bäckerbataillon täglich bzw. nächtlich gebacken wurde und noch wird.

Mein Großvater, den ich übrigens nicht mehr kannte, und der in dem kleinen Häuschen neben dem Pfarrhause seine Backstube hatte, war der »Eselsbeck«. Er hatte sich diesen Namen selbst gegeben, weil an Markttagen die Schwarzwälder, welche auf Eseln ihre Butter brachten, ihre Grautiere bei ihm einstellten. Von seinem

Humor, der auf Sohn und Enkel sich vererbte, erzählte mein Vater mir, dem Knaben, noch viel. […]

Als ich Vater und Mutter, deren Erstgeborener unter sieben Kindern ich war, kennen lernte, sah ich den Vater in der Backstube und die Mutter am Spinnrade:

> Der Vater buk, die Mutter spann,
> Als das Büble sie liebgewann.
> […]

Jeder Mensch, sei er Fürst oder Bettler, wird seinen Eltern das dankbarste Andenken bewahren. Wessen Eltern aber durch die stete, ehrliche Arbeit ihrer Hände dafür sorgten, dass der Kinderhimmel immer ungetrübt ihm leuchtete, der wird mit der süßesten Erinnerung seines Vaters und seiner Mutter gedenken. Und um dieser Erinnerung willen wollte ich nicht, dass der liebe Gott mir andere Menschen zu Eltern gegeben hätte.

Ich war schon ein Knabe, als der Vater die »Stadtwirtschaft« ins Haus nahm. Von jetzt ab verschwand der Mutter Spinnrad mehr und mehr; sie hatte ihre Gäste zu bedienen. Mir aber wurde die Wirtsstube eine wahre Schule des Lebens.

Was kann ein Kind da Gutes lernen? – wird man fragen. Ich habe in dieser Stube das Volk kennen gelernt, das sog. gemeine Volk, den niederen Bürger und Handwerker, den Bauer und sein Gesinde. Und wer das Volk nicht kennt, der kennt den Menschen und die Menschheit nicht. Wer das Wasser kennen lernen will, muss es im Fluss, im See, im offenen Meere sehen und nicht in der destillierten Feuchtigkeit eines Apotheker-Glases. So auch mit der Menschheit. Vortrefflich schön schreibt hierüber Bogumil Goltz, der Sohn eines hohen Beamten. »Was für mich über allen Zweifel dasteht, ist die Wahrheit: dass in den sog. gemeinen Lebensarten, d. h. in den Empfindungs- und Vorstellungsweisen der Leute aus dem Volke, der Arbeits-, Bauers-, Dienst- und Handwerksleute, der Überrest von natürlicher Lebens- und Denkweise eben konserviert wird, welche die hochgebildete und gelahrte Welt fortwährend absorbiert, und dass kein Mensch was Ordentliches und Herzhaftes von dem natürlichen Menschentum und Menschenschicksal in Erfahrung bringen kann, wenn er es nicht im herzlichen und ebenbürtig erachteten Umgang mit den niederen, dienenden und handarbeitenden Klassen irgendwie an sich kommen lässt.«

Ich habe in der väterlichen Wirtsstube manch rohes Wort gehört – ein unsittliches nie, weil der Vater derlei nicht duldete – und manchen Fluch vernommen, aber sie sind spurlos der Zeit verfallen, während eine Summe von Menschenerkenntnis unbewusst damals in mich hineinkam, die mir jetzt längst zur klaren Erkenntnis aufgestiegen ist. Welche Fülle von Charakteren, von Individualitäten, von Witz, Humor, Treuherzigkeit, Freude und Seligkeit, und welche Menge von Urteilen aus dem Volk über das Volk! Welche Erfahrungen über Leben und Treiben des gemeinen Mannes habe ich in jenen Tagen in mein passiv in sich aufnehmendes, mit Heißhunger lauschendes Knabenherz strömen lassen!

Sie sind, die allermeisten, längst von der Erde geschieden, die Bauern und Bäuerinnen, die an Markttagen von den Bergen herab im Vaterhaus Einkehr hielten, ebenso die Bürger, welche am Sonntag da ihr »Schöpplein« holten, aber sie sind mir unvergesslich als die besten Lehrer über Menschentum und Volk.

Das ist der politische und nationalökonomische Katzenjammer unserer Tage, dass die »Schulweisheit« mit ihren Theorien das Volk glücklich machen will, während diese Gesetzestheoretiker vom Volke nichts gelernt haben und nichts lernen wollen! […]

Bei der Großmutter

In den Kinderhimmel der Jugendzeit gehört unbedingt eine Großmutter. Die Großmutter ist so recht eigentlich die irdische Muttergottes. Sie steht in ihrer milden, versöhnenden Macht zwischen Kindern und Eltern, sie ist vorzugsweise die »Trösterin der Betrübten« und die »Zuflucht der kleinen Sünder und Sünderinnen«.

Die Großmutter hat auch am meisten liebende »Schwäche« für das Enkelkind, was der dümmste Erdenbürger heraus hat, noch ehe er in die Schule geht. Die Großeltern sehen sich ja in den Enkeln abermals gleichsam verjüngt und verebenbildet, und je älter die Menschen werden, umso lieber wären sie noch einmal jung. Auch geben die Kleinen den alten Leuten durch ihre Unruhe und Munterkeit die nötige Aufregung und Elektrizität ab. So liegt auch in der Großmutters- und in Großvaters-Lieb ein bisschen Egoismus, wie überall. [...]

Mein Großvater trug als Hausierer seine schwere Kiste, die heute in meinem Besitze und hochgeschätzt ist, in alle Täler und auf alle Berge und Höfe des oberen Kinzigtals und brachte den Bäuerinnen Faden, Nadeln, Hals- und Taschentücher. Abendbrot und Nachtlager auf der Ofenbank fand er bei den Bauern. Wenn er dann von den mühsamen Wanderungen in der Nähe meiner Heimat ins Städtle kam, um neue Waren zu laden, kehrte er »im Kreuz« ein. Die Kellnerin war meine Großmutter, und so fanden sich beide. Der Hausierer kaufte vom hart erworbenen Geld ein Haus, wurde Kaufmann und wohlhäbig. Die Strapazen seiner jüngern Jahre brachten ihm aber den Tod noch im besten Mannesalter. Die Großmutter trieb das Geschäft weiter, und als ich sie kennen lernte, stund sie im »Laden« und verkaufte mit ihren zwei erwachsenen, ledigen Töchtern, meinen Tanten, Zucker und Kaffee, Pfeffer und Salz. [...]

Das Haus der Großmutter war nur durch ein drittes vom Vaterhaus getrennt, und so der Weg für mich nicht weit. Schon in aller Früh wandelte ich dorthin, denn meine beiden Tanten frühstückten stets Milchsuppe mit Zucker, und die hatte für mich mehr Anzüglichkeit als die Mehlsuppe auf des Vaters Morgentisch. Um dieser

Milchsuppe willen habe ich den beiden Schwestern meiner Mutter stets ein freundliches Andenken bewahrt. Im Übrigen waren sie zwei unpoetische Weibsleute für ein Kinderherz. Sie waren im Villinger Kloster gewesen, im Pensionat, und das hatte die Haslacher Natur verunstaltet und mir alle weitere Sympathie genommen.

Es gibt in meinen Augen heute noch nichts dümmeres, als solche Pensionatsgänschen, die halb vornehm und halb bürgerlich tun wollen, denen dabei aber die Kielfedern zu allen Ecken herausschauen.

Es war das auch eine Schwäche der Großmutter gewesen. Sonst war sie aber eine hochenergische, tätige und vor allen Dingen streng religiöse Frau. Vom täglichen Kirchgang konnte kein Unwetter sie abhalten, so lange sie lebte. Sie glaubte, »in der Kirche könne man gar nicht krank werden«. Und das Ceterum censeo all ihrer Reden an mich war: »Büble sei au brav!« Sie gab mir keine Zibebe, keinen Zucker und kein Johannisbrot aus dem Laden, ohne diesen Spruch beizufügen. Und ich kann mir die Großmutter und meine Kindheit nicht zusammenreimen, ohne dass es mir im Ohre wiederklingt: »Büble sei au brav!« […]

Die Nachbarschaft

Brandend schlugen die Zungenwellen vom Waschhaus an den nächsten Nachbarn, und der hieß in meiner Kindeszeit der Färber »Basil«. Der Mann war ein Patrizier comme il faut, in Gesicht und Auftreten. Ich glaube, er hätte durch den Ernst seiner Miene im Rate der Zehn von Venedig seinen Mann gestellt. Wenn er auf seinem großen Rappen spazieren ritt, so staunte ich ihn an, wie die römischen Knaben wohl an einem Triumphtor mögen hinauf geschaut haben bei seinem Einzug in die ewige Stadt. Ich war bei ihm wohlgelitten und nicht wenig stolz auf seine Nachbarschaft. Drei Dinge aber waren es insbesondere, die mein Kinderherz nach seinem Hause zogen: Basil hatte den besten geräucherten Speck in der ganzen Nachbarschaft, einen Star, der sprechen konnte, und seine Gesellen hatten blaugefärbte Hände.

Bei allen Nachbarn ließ ich mich nicht zweimal zum Mittagessen heißen, wenn ich um die Zeit, da es an den Tisch ging, gerade bei ihnen war.

Weil in jedem Kinde ein Stück ungenierten Egoismus wohnt, will es überall sans façon mittun. Ein Stück Brot in des Nachbars Haus oder gar ein Mittagessen schmeckt aber auch unendlich besser als selbst feineres Brot und reicherer Tisch im Vaterhaus. Und warum? Weil es dem Kinde etwas Neues, eine Abwechslung ist. Und den Gedanken, der in dem Satze liegt: »Variatio delectat«, den haben die Kinder zuerst gedacht; sie sind ja unergründlich im Erfinden neuer Spiele, neuer Unterhaltungen und Zerstreuungen. Jedes Stück Holz, jedes Häufelchen Sand genügt, um Neues zu schaffen und sich zu erfreuen.

So ist auch ein anderer Tisch, anderes Brot, andere Suppe und Gemüse dem Kinde zu jeder Zeit etwas Willkommenes, und je schwärzer das Brot und je rauer die Suppe, um so lieber wird's gegessen.

Beim Färber Basil aber gab's auf hölzernen Tellern den besten Speck. Was sind alle fürstlichen Diners auf silbernem Service gegen diesen Speck auf Gottes Naturholz. Ich habe nie wieder im Leben mit solch innerer Lust gegessen. Und wenn ein Kind sich versündigen könnte durch übermäßige Liebe zu Speck auf Holztellern, ich hätte damals schon mich schwer versündigt durch die Begierde, mit der ich nach Basils Mittagstisch mich sehnte.

Wie wenig bedarf es, um einem Kinde das größte und unschuldigste sinnliche Behagen zu verschaffen!

Zum Dessert gab's dann noch ein Konzert des gesprächigen Stars. Wenn ein Vogel an sich schon des Kindes Herz klopfen machen kann, so ist ein Star mit »gelöster Zunge« ein Naturwunder, worüber die Seele des Kindes in ungeahnte Sphären verzückt wird. Basils Star konnte die Worte: »Jawohl, Jakob, herein«, ganz deutlich sprechen, und pfiff jedes Stück, das sein Herr auf seiner Drehorgel ihm vorspielte, nach.

Freunde und Kameraden

Unter dem Rathause der Vaterstadt saßen im Sommer und Herbst ständig einige Obstverkäuferinnen hinter ihren mit allen Delikatessen des Kinderherzens gefüllten Körben.

Welche Milliarden von sehnsüchtigen Blicken verschlangen diese Süßigkeiten, wenn wir auf dem Weg zur Schule an diesen Weibsleuten und ihren Schätzen vorüberzogen, meist unvermögend, etwas zu kaufen! Aber die wenigen Kreuzerlein, die damals ein Kind erringen konnte, wanderten alle in die Hände der Rathausdamen. Unter ihnen befand sich eine »Jungfrau« in besten Jahren, Magdalena mit Namen und Stand kurz bezeichnet die »Biremadel«. Sie war meine Freundin und Verräterin. Hab und Gut des Kindes waren seit Jahren ihr zugeflossen; nie trat ich an einen anderen Korb als an den Ihrigen. Da hat die Schlange den armen Knaben zuerst verführt und dann verraten. Sie verleitete mich nämlich, bei ihr in geldlosen Zeiten auf »Borgs« zu kaufen, und so mein brennendes Verlangen nach den ersten Kirschen, Zwetschgen oder Kastanien zu stillen.

Man verkehrt oft im Spaß den Schiller'schen Satz von der »Schuld«, und sagt, das größte Übel seien »die Schulden«. Ich stimme dieser Travestie in allem Ernste bei; denn die Schulden, die ich, verführt vom Weibe, wie Adam durch die Frucht vom Baum, damals kontrahiert, waren mein größtes Übel und meine tief empfundene Schuld. Mit welcher Seelenangst ging ich von jetzt ab in die Schule, vorbei an dem Weibe, das meine ganze Ehrlichkeit in der Hand hatte und im Besitze eines Geheimnisses war, dessen Eröffnung Vater und Mutter mit

Schrecken erfüllt hätte. Und wie viel betrug die Schuldsumme? – Zwölf badische Kreuzer: Und um dieser zwölf Kreuzer willen habe ich mehr Angst gelitten als ein Börsianer unserer Tage um eine zu verlierende Million. Ich konnte der »Biremadel« nie mehr fröhlich in die Augen schauen, es war mir jeder Blick von ihr eine Mahnung an die Schulden. Sie besaß ein Töchterlein, das mit mir in die Schule ging, und selbst in diesem unschuldigen Geschöpfe verfolgte mich die Teufelin »Schuld«. So oft ich das Mägdlein sah, dachte ich an die Alte und an die zwölf Kreuzer.

Und woher nehmen und nicht stehlen?! Ach, wie schwer erwarb damals ein Kind einen Kreuzer oder einen Groschen. Heute verfügen sie über Geld im Alter von zehn und zwölf Jahren. Ich kannte in meinem Pfarr-Dorfe Knaben, die, teils durch Geschenke, teils durch kleinen Erwerb, hundert Mark auf der Sparkasse hatten. In meiner Jugendzeit wäre das für des reichsten Mannes Kind in meiner Heimat eine reine Unmöglichkeit gewesen.

Wie sehr ist einerseits der Geldwert gesunken und andererseits die Jugend verwöhnt worden!

Wie verdiente ich meine Kreuzerlein? Am Namenstag bekam ich von Vater, Mutter und Großmutter je einen neuen Kreuzer; hie und da gab ein fremder Fuhrmann für Kommissionen zum Schmied oder Sattler einen Kreuzer, oder am Jahrmarkt ein Krämer für Beihilfe, um seine Bude aufzuschlagen, eine Kupfermünze.

Oder der Gerber Aiple zahlte für gestampfte Lohkäse zwei Kreuzer. Den höchsten Lohn, der mir deshalb unvergesslich ist, gab mir der alte Amtsrevisor Ganter, dem ich einmal einen Brief nach dem zwei Stunden entfernten Städtchen Zell am Harmersbach tragen musste. Er honorierte mich mit einem Sechser. Kein preußischer General hat mit der Freude seine Dotation entgegengenommen.

Der nobelste Geber aber für uns Knaben war der bayerische Schweinehändler, der im Sommer jeden Jahres seine Herde ins Städtle trieb und im »Engel« einstellte. Sofort sandte er die Buben der Nachbarschaft als Herolde in die Straßen, jeden in ein besonderes Stadtviertel. Im Galopp ging's ab, und bald erscholl in allen Gassen von helltönenden Knabenstimmen der Lockruf an die Ohren der ehrsamen Bürger:

> Wer will Sau kaufen,
> Der soll in Engel laufen.
> Borgs bis Martini!

Beim dritten Kinderhimmel! Kein Herold des Altertums und kein Wappenkönig der Turnierzeit war stolzer, glücklicher, und von seinem Amt eingenommener als wir, wenn wir den Männern am Kinzigstrand verkünden könnten, dass der Schweinehändler »ins Land gekommen sei!«

O Jugendzeit und Jugendglück! Wir Knaben waren nichts denn die Gesandten eines Schweinehändlers, aber wie jubelte unser Herz, wenn wir den Mann einziehen sahen oder hörten: »Er ist da!« […]

Doch zurück zur Jugendschuld! Die Zeit kam, da die Furie unter dem Rathaus zum Zahlen drängte, umso mehr, als ich ihr nicht mehr so viel unter die Augen kam, um nicht meinen Schuldbrief in ihrem Katzenblick lesen zu müssen. »Wo die Not am höchsten, ist die Hülf am nächsten.« In der größten Schuldenangst und Bedrängnis brachte mir mein Kamerad, der »Brucker-Karl«, die Kunde, der Sauhändler sei da, nach der Schule müsse ausgerufen werden. Wie ein Granitfelsen fiel's mir vom Herzen. Der Groschen ist mein, dachte ich, und damit eine Abschlagszahlung und neue Fristung! –

Und solche Menschen, die einen trüben Kinderhimmel wieder hell machen, und wenn sie auch Schweinehirten sind, sollte Homer nicht »göttlich« nennen! Fürwahr, wenn er es nicht getan, ich hätte meinen Schweinehändler mindestens einen »Engel« genannt.

Glück und Unglück kommen in der Regel doppelt. Am Nachmittag des Herolddienstes engagierte mich die Großmutter, ihr Holz auf den Speicher zu tragen, und versprach als Lohn der Kreuzer zwei. Nie habe ich mit solcher Lust dies mir sonst verhasste Geschäft besorgt. Aber es galt ja meiner Ehrlichkeit und dem Loswerden von dem unseligen Banne des Weibes.

So geschah es, dass ich vier Uhr des Nachmittags fünf Kreuzer mein Eigentum nennen konnte, und gehobenen Mutes eilte ich dem Rathaus zu, um die »Pomona« zu befriedigen. Doch

> Mit des Geschickes Mächten
> Ist kein ew'ger Bund zu flechten.
> Und das Unglück schreitet schnell.

Bereits war ich in der »hinteren Gasse«, beim »Kreuz«, etwa 100 Schritte von meiner Megäre, angekommen, als ich auf einen Guckkasten-Mann traf, der eine Anzahl Kinder um seinen Apparat versammelt hatte und sich gegen zwei Kreuzer Schaugeld anbot, jedem sein zukünftiges Glück zu zeigen.

Was »zukünftiges Glück« heißt, versteht kein Knabe von zehn Jahren, er weiß nur vom Glück der Gegenwart; aber ein Guckkasten hat an und für sich schon einen so geheimnisvollen Zauber für ein Kinderherz, dass es männiglich begreifen wird, warum ich keine Zeit mehr hatte, über meine Schulden Betrachtungen anzustellen, meine zwei Kreuzer hingab und in den Kasten guckte. Drinnen aber zog ein »geputztes« Frauenzimmer an meinen Blicken vorbei, der Guckkasten-Prophet fragte, was ich sehe, und erklärte auf meine obige Deklaration hin, ich würde einmal eine reiche Frau bekommen. Ich verstand den Schwindel nicht, aber bei dem Wort »reich« dachte ich an meine Schulden und meine Armut. Um zwei Kreuzer Blutgeld ärmer, schlich ich von dannen und meiner Biremadel zu, um ihr wenigstens den Groschen zur Besänftigung zu überliefern.

Die aber war wie eine erzürnte Hexe. Sie hatte zugesehen, wie ich, angesichts meiner Schuld, noch in den Guckkasten zu schauen das Geld und den Mut hatte. Sie nahm zwar den Groschen, aber die restierenden neun Kreuzer forderte die Verkäuferin noch am Abend von der Mutter. So ward ich an den Pranger gestellt, von der Mama als ihre »Schande« bezeichnet und vom Vater abgeprügelt. Und das »hatte mit ihrem Singen die Biremadel getan!«

Ich werde jenen Tag nie vergessen: Am Morgen Herold und Ausrufer, am Nachmittag der »Zukünftige« einer reichen Frau und am Abend verraten von der Freundin, von der Mutter verstoßen und der Prügeljunge des väterlichen Meerrohrs.

Nie habe ich aber der »Jungfrau« unter dem Rathaus ihre Schändlichkeit verziehen. Wir waren geschieden für immer, und mein Obst kaufte ich fortan bei der »Pfrenglerin«, die mich solid bediente und auch nie zum Kaufen einlud ohne Geld.

Wenn ich aber heute, nach mehr denn vierzig Jahren, an die »Biremadel« denke, so erscheint sie mir im mildesten Versöhnungslichte der Jugendsonne, und ich verzeihe ihr von Herzen, schon deshalb, weil sie in meiner Kindeszeit eine Rolle gespielt, wenn auch keine schöne.

In der Fremde

Im Frühjahr des Jahres 1847 war bekanntlich eine Teuerung in den Landen. Uns Kindern kam dieses Ereignis fast vor wie eine Hochflut an der Kinzig; je höher die Brotpreise gingen, umso höher stieg unsere Achtung vor der Hungersnot. Da kamen schwäbische Bauern und brachten »Habermehl« ins Städtle, das sie aus großen Kufen vor dem »Adler« »mäßliweis« verkauften. Jetzt gab's zweimal des Tags »Habermus«, das wir vorher nicht gekannt hatten, uns aber zu solch freudigem Genuss wurde, dass wir schon um seinetwillen mit der Hungersnot auf bestem Fuße standen. Mitten aus dieser lieblichen »Habermehlzeit« sollte ich die Heimat verlassen müssen.

Meine Großmutter, der ich bereits allerlei Handdienste leistete im Krämerwesen, wollte mich zum Kaufmann bestimmen und kam deshalb auf die Idee, man solle mich in eine »bessere« Schule bringen. Nun hatte eine meiner Tanten im verwichenen Herbst einen Kaufmann in Freiburg geheiratet, und drum ward im Familienrat beschlossen, mich nach Ostern in die Dreisamstadt in die dortige Volksschule zu schicken. [...]

Darum, ihr Stadtmenschen! Ehret den Schmerz jener Bauernkinder, die das Schicksal in die Städte treibt, und wisset, dass ihr es mit einer Kinderseele zu tun habt, die im Heimweh weint um ein verlorenes Paradies!

Was mein Heimweh noch vergrößerte, war der Umstand, dass ich in einem Bäckerhaus wohnte, wo schon der ständige Brotgeruch mich ans Vaterhaus erinnerte und an den »Sepp« und den »Hugo« und die Backstube. Sonst war der Bäcker Kuhnle der Mann meiner vollsten Sympathie, und wenn ich am Morgen für die Tante das Frühstücksbrot holte, da schwamm ich minutenlang in einem Wonnemeer in der von frischem Brot über und über vollen Backstube. So viel buken alle Bäcker der Heimat zusammen nicht. Ich kam mir, im Vergleich zum Vaterhaus, vor wie das Söhnlein eines armseligen Landschlossers, das in eine Maschinenfabrik kommt. So lange ich unter Kuhnles Mehlprodukten weilte und während ich seine mir unvergesslich guten Kreuzerwecke zum Kaffee verzehrte, so lange hatte ich kein Heimweh. […]

Meine mir heute noch präsentesten Kameraden, die ich gleichwohl seitdem nicht mehr gesehen, waren der Felix Phyrr aus dem »Kopf«, der Sohn des Konditors Wolfinger, ein junger Gramm, ein Stolz aus der Gerberau und der Sohn eines Aufsehers im Zuchthaus, dessen Namen ich nicht mehr weiß.

In Wolfingers Konditorladen erlebte ich mit die seligsten Stunden meiner Freiburger Fremde. Daheim gab es nur einen Zuckerbäcker und eine Zuckerbäckerin, die hatten lediglich Lebkuchen und Osterhasen feil, und doch waren ihre Buden uns wahre Götterhimmel; aber der Konditorladen des Herrn Wolfinger versetzte mich in einen völligen Taumel über alle die zuckernen

Herrlichkeiten, die ich hier sah und roch. Alle Wohlgerüche der Haslacher Apotheke und der heimischen Zuckerbäcker vereinigten sich hier im Quadrat. Und ich hege heute – bei aller Hochachtung – nicht so vielen Respekt vor dem ganzen gegenwärtigen badischen Staatsministerium, wie in jenen Tagen vor dem Konditor Wolfinger in Freiburg, der mir als ein vollendeter Zauberkünstler erschien und als der verehrungswürdigste Mensch in der ganzen Dreisamstadt. […]

Nur durch eine kleine Gasse von des Onkels Kaufladen getrennt lag das Gasthaus »Zum römischen Kaiser«, ein weiterer Ableiter wehmütiger Gedanken an die Heimat. Hier bekam ich den ersten Anschauungsunterricht über das höhere Wirtshausleben, sah die ersten Kellner in Frack und mit der weißen Serviette und beneidete die Table-d'hôte-Menschen. Unzählige Male schaute ich zu, wie die Fremden anfuhren und abgingen, und wie sie bekomplimentiert wurden, ohne dass ich etwas zum Komplimentemachen gelernt hätte.

Zum Kellner oder Hotelier hätte man mich nie machen können, ich wäre sicherlich ob meiner Steifheit in Bücklingen und entsprechenden Redensarten die ersten acht Tage meines angehenden Kellnerlebens zum »Prinzipal« fortgejagt worden. Unter den Kutschern und Hausknechten trieb ich mich »beim Kaiser« in jenen Zeiten viel lieber herum, aus heimatlicher Gewohnheit.

Es gibt sogenannte gebildete Menschen, die es für gemein erachten, von dem Umgang mit einem »Hausknecht« auch nur zu reden, und doch ist ein Hausknecht im Leben oft ein viel nützlicherer Mensch als jene, die bei diesem Namen schon die Nase rümpfen. Ich habe in meinen Kindesjahren Hausknechte edelster und nobelster Natur kennen gelernt, Leute, die später die Herren wurden in den Wirtshäusern, wo sie früher Knechte waren, weil sie durch Fleiß und Sparsamkeit sich emporarbeiteten. Ein braver Hausknecht ist für seinen Herrn goldeswert, und oft die einzige Person, die in seiner Abwesenheit ihm das Geschäft zu leiten versteht.

Weil ich den Hausknechten in meiner Jugendzeit so viele Freude verdanke, soll ihnen auch einmal das Lob gesungen werden von einem Schriftsteller, der ehedem mit Knabenlust mit diesen verachteten Menschen verkehrte.

Zu der Nachbarschaft meines Onkels gehörte auch die bekannte Bierbrauerei »Buck«, in der ich jeden Nachmittag um vier Uhr für mich und die Ladendiener Bier holen durfte; was mir stets ein freudiges Ereignis war. Ein Glas Buck'sches Bier und ein Stück Schwarzbrot aus der Kuhnle'schen Bäckerei ließen mich gar oft die Tränen des Heimwehs trocknen, wenn ich weinend aus der Schule kam, wo ich erfahren, wie dumm ich eigentlich sei den Stadtbuben gegenüber.

Beim Bierholen sah ich dann aber auch die Studenten auf der Kneipe. Ein altgriechisches Bäuerlein konnte unmöglich mit mehr ängstlicher Andacht an den Heroenstatuen in den Straßen von Athen hinaufschauen als ich an den »großen Studenten«, während die Kellnerin meinen Krug füllte. Da saßen sie mit ihren langen Pfeifen, bunten Mützen, Sammetröcken und hohen Stiefeln, die Musensöhne, und erschienen mir wie Giganten, einem armseligen Zwerglein von Volksschüler gegenüber. Sie sind schuld, jene Biergenies im »Buck« anno 1847, dass mir später der nicht vertilgbare Gedanke kam, ein Student werden zu wollen. [...]

Lieblingstage waren mir in jener Exilzeit auch die Samstage. Da ist in Freiburg Wochenmarkt. In hellen Haufen kamen die Bauersleute zum Martinstor herein und bei der Heimkehr kauften sie in Onkels Laden ihren Zucker, Kaffee, Tabak, Pfeffer und Salz. In diesen Stunden verging mein Heimweh, denn ich sah Landmenschen, wie sie in des Vaters Wirtsstube daheim auch aus- und eingingen, und ihr Anblick versetzte mich in die Heimat. An Sonntagen machte dann der Onkel den Bauern seine Gegenbesuche und nahm auch mich oft mit. So kam ich nach St. Georgen, Munzingen, Opfingen, Umkirch und wie sie alle hießen, die freundlichen Dörfer im Südwesten der Dreisamstadt. Heute noch kann ich mir jedes Wirtshaus vorstellen, das wir damals besuchten, und wenn ich an die Wirtsleute und ihre Gäste denke, so kömmt es mir vor, als seien in jenen Zeiten alle Menschen fröhlich und glücklich gewesen.

Wilhelm Hausenstein

Salzbrezeln aus Niederwasser

Auf halber Höhe stand die Ruine des Schlosses Hornberg, und es hob unseren Stolz, dass sie einem Anverwandten zu eigen gehörte, mit allem darumher. Dies war unsere ganz und gar feste Welt. Jenseits der Berge, die den Talgrund unseres Städtchens umgaben, war noch, so wussten wir vom Hörensagen mehr als aus Erfahrung, lauter Schwarzwald. An Festtagen freilich fuhr die ganze Sippe, wir Kinder in der Mitte, in benachbarte Dörfer und Städtchen zu Verwandtschaften und Bekanntschaften aus – am liebsten zu jener Base, die den frischesten Kaffee, das leckerste Schmalzgebackene mit üppig zugreifenden Händen richtete – denn zwanzig Eier in den Teig, das reichte noch nicht. Solche Ausfahrten aber waren das Äußerste. Die weite Welt war nur ein Gerücht.

Immer nach dem Mittagessen, das mit dem Zwölfuhrläuten begann und eine breite Dauer hatte – sogleich nach dem Mittagessen waren wir allemale mit den Schlitten draußen auf unserer Bahn, und nun ging es bis an den Rand der Dämmerung. Nur dass man um drei Uhr neuen Hunger hatte. Dann lagen Bratäpfel im

Kachelofen bereit, und wenn es deren keine gab, so wallte der Kinderkaffee in einer Messingkasserolle auf dem weitläufigen Küchenherd, und auf dem gescheuerten Küchentisch standen die Ohrentassen, lagen die frischen, röschen Wasserwecken. Es waren langgestreckte, vierteilige Weißbrote. Ich habe sie niemals wieder so gut gegessen, in aller Welt nicht wieder. Sie sind mir bis auf diesen Augenblick, wo Mund und Sinn noch aus der Ferne sich erinnern, der Inbegriff weißen Brotes geblieben. Höchstens, dass späterhin die Pariser »flûte« mit ihnen in Wettbewerb zu treten vermochte.

Sobald es fünf Uhr geworden war, kehrte man zum zweiten Male ins Haus zurück. Was nun von einem echten, wüsten Bubenheißhunger verschlungen wurde, hieß »das Versperle«. Da wurde alles Mögliche aufgetragen: heiße Milch, Roggenbrot mit Butter, mit Speck, auch Himbeergelee und Quittenmus, mitunter ein leichter Glühwein. An den Samstagen aber geschah das ganz Besondere: da waren die Salzbrezeln aus Niederwasser aufgeschichtet, und um sie her geordnet lagen Butter und Rahmkäse. An den Samstagen wurde das Rodeln, eben um der Brezeln willen, sogar um eine kleine halbe Stunde eher abgebrochen. Man stürmte ins Haus, setzte seinen Schlitten in den unteren Hausflur, die sauber abgeklopften, blitzblanken Beschläge herwärts kehrend. Man lief zur Schlafstube hinauf, wechselte die Strümpfe, schlüpfte in die warmen Pantoffeln und fand sich endlich in der hinteren, der kleineren Essstube des Erdgeschosses zusammen, welche den Blick auf die Rodelbahn noch freigab – sodass der Ort unseres Getümmels, von uns verlassen, doch immer noch ein Schauspiel blieb, worin die Spätesten draußen unter unseren kritischen Blicken mit langsam versackendem Eifer noch eine Weile sich aufführten.

Wir saßen, warteten – denn es konnte nicht angefangen werden, solange die Großmutter nicht selbst gekommen war, um auszuteilen. Im Monat Februar war es um diese Zeit im Zimmer noch leidlich hell. Wir saßen in köstlichem Halblicht, in das vom Ofentürchen her feurige Streifen fielen. Warm war es, warm bis ins Zwerchfell, bis ins Herz hinein, und die Wärme war die eigentümlich wohlige Wärme, die vom Holz kommt, nicht von Kohlen. Das große Sofa an der Innenwand war mit französenblauem Filztuch bezogen, das der Tapezierer mit weißköpfigen Nägeln angestiftet hatte, sodass ein unschuldiges, doch reizendes Bordenmuster gebildet war. Über dem Sofa mit der barocken Fassung aus tiefbraun blinkendem Nussbaumholz hingen in ovalen Rahmen, an denen Mattgold und Glanzgold in konzentrischen Ellipsen miteinander spielten, Bilder aus dem Familienstande. Männer und Frauen hatten die Köpfe und Trachten der Biedermeierzeit; einige schienen gar noch aus Jahren hergekommen, die für Pose und Tracht aus dem inneren Schwarzwald die Zeichen des ersten bonapartischen Kaiserreichs aufgeprägt hatten. Unter dem Zeitungshalter mit der »Schwarzwälder

Chronik«, dem volksfreundlichen Landesblatt, dem »Badischen Beobachter«, auch der größeren »Frankfurter Zeitung« hing der Kalender mit dem Bilde des »Lahrer hinkenden Boten« und dem gelbrotgelben Wappen.

Es ist mir nie klar geworden und ich habe wohl auch nie danach gefragt, ob die Bäcker in unsrem eigenen Städtchen keine salzigen Brezeln buken. Es war die angenommene, auf keine Weise zu erörternde Regel, dass die Brezeln aus dem nahen Dorfe Niederwasser gebracht werden mussten. Eine alte Bötin trug sie jeden Samstagnachmittag nach vier Uhr herzu. Wir passten ihr auf. Sie nahm die Trage vom Rücken, lüftete ein weiß und rot gewürfeltes Tuch und zählte in der Speisekammer die kringelhaften Stücke heraus. Sonderbare Brezeln, wie ich sie nie mehr gesehen habe; sie waren nicht in die Breite gezogen, sondern in die Höhe ... Heute denke ich mir, dass die gut katholische Großmutter die Brezeln aus Niederwasser hat kommen lassen, weil dort, nicht in unserem evangelischen Städtchen, für sie die nächste Kirche stand, und sicherlich war auch die Bötin eine katholische Christin. Auf diese Weise hätte es mit den Brezeln also auch noch eine eigene, beinahe schon metaphysische Bewandtnis gehabt.

Wir nun schmeckten das Salz wie die jungen Böcke und Geißen. Aber dies war nicht alles. Der Brauch war mit dem Ding eins geworden, und beides, so Brauch wie Ding, konnte gar nicht besser sein. Auch hatten wir das

Bewusstsein einer ausnehmenden Situation. Wäre es lächerlich, zu gestehen, dass mir die Salzbrezeln von Niederwasser im Grunde der Erinnerung sichtbar liegen wie Kostbarkeiten, in denen der Sinn einer Kindheit sich angesammelt und zum Gleichnis gefunden hat? Nun – ich würde es auf mich nehmen, darum lächerlich zu sein. Vollends gab die regelmäßige Anwesenheit der Großmutter dem Augenblick die Stimmung der Feststunde: das Eigentümlich-Schwere, das Bedeutsame, ja Verpflichtende der Sitte. Seit jenen Zeiten kann ich das Wort »Feierabend« nur mit der besonderen, ja ehrerbietigen Empfindung hören, die von der Erinnerung an so denkwürdige, von Güte und Anstand behütete Erlebnisse der Kindheit herkommt. Es ist immer wesentlich und schön, wenn Menschen zusammen um den Tisch sitzen, welcher die Nahrung trägt. Als die Großmutter den Tisch regierte, war es gewiss am allerschönsten und allergewichtigsten; da war es am gewissesten; da hatte das Natürliche eine fast geweihte Beschaffenheit, der wir uns unwissend widmeten, indem wir aßen, was wir mit der Gier animalischer Jugend nur in uns bringen konnten. Auch dies hatte ja etwas zu sagen, dass es stets genau der Samstagnachmittag war, an welchem die Brezeln kamen, – Vorabend des Sonntags. Aber am meisten lag das Behaglich-Außerordentliche jener Abende an der Gegenwart der fürsorglichen Greisin.

Global denken, lokal essen

Friedrich Schiller

Der Wirtemberger

Der Name Wirtemberg
Schreibt sich von Wirt am Berg –
Ein Wirtemberger ohne Wein
Kann der ein Wirtemberger sein?

Johannes Nefflen

Das Hochgesträss, und wo es liegt

Wenn einer von Wien nach Paris geht, oder von Rom nach Berlin, ebenso von München nach London, oder von Hamburg nach Neapel, wer eine solche Reise macht, der kommt, wenn er will, mitten durch das Schwabenland, ein Land, das vor Zeiten war und nicht mehr ist; auf der Karte sieht man es nicht, auch wird mir niemand einen Grenzstock zeigen, auf dem steht: Hier ist das Schwabenland, hier fängt es an, dort hört es auf. Der Fremde aber, der von Schwaben schon vieles gehört, weiß gleich, wo er ist, wenn er in ein Wirtshaus kommt, und man fragt ihn: »Um Vergebung, wo geht die Reis' her?« Oder man sagt ihm, was heute für Wetter ist, man klagt darüber oder lobt es, auch wenn man ihn einladet, ins Kasanetle zu gehen, wo für ihn schon der Schwäbische Merkur parat liegt, vom Herr Elben in Stuttgart, – ja, dann weiß der Fremde, wo er ist, er sieht es ja. Wenn aber ein Mädchen hereinkommt und stellt ihm ein Schöpplein Wein hin mit dem leeren Trinkglas, und sie sagt, währenddem sie einschenkt: »Wünsch, dass es wohl bekomm!« Und der Fremde: »Nun, mein liebes Kind, willst nicht auch trinken? Sei so gut und trink mir vor!« Sie aber erwidert: »Ich will Bescheid tun«, nimmt das Trinkgeld zwischen den Daumen und Zeigfinger, reckt die anderen drei weit aus, hält den spitzgekrümmten Ellbogen höher als das Glas, trinkt »Zur Gesundheit!« nur ein Schlücklein, stellt das Glas hin und schenkt dem guten Freund wieder ein bis zum Überlaufen – wenn der Fremde auf diese höfliche Manier recht aufmerkt, so weiß er wieder, dass er im Schwabenland ist. Lässt er sich aber mit dem Wirt in ein Gespräch ein, so hört er allerlei Klagen über mancherlei Abgaben; der Wirt bringt ihm sogar seine Steuerzettel her, auch den Kalender, wo noch mehreres steht als auf dem Steuerzettel, was er dem Kameralverwalter oder dem Rentamtmann bezahlt, auch dem Pfarrer für den Zehnten. Der Fremde hält die Steuerzettel in der Hand, nimmt eine Prise Tabak, wenn er ein Schnupfer ist, oder sieht unter den Tisch – er meint, der große Sultan liege darunter, der hab sich nach hinten eine kleine Freiheit erlaubt, – wenn er ihn aber nicht sieht, so meint er, das Papier sei auf geräuchertem Backsteinkäs gelegen, weil er nicht weiß, dass die Hausregistratur hoch über dem Ehestand liegt, bei Tag und bei Nacht, auf dem Himmel einer zweischläfrigen Bettlade, die mit einem rot und blau gewürfelten Umhang alles verhüllt, was man nicht sehen darf und nicht riechen will, daher die Wolken gen Himmel aufsteigen und die Steuerzettel davon profitieren so viel sie mögen – jedenfalls zeigt der Schwabe, wie sehr er mit diesem Rauchwerk seine Steuerzettel ehren möchte. Also auch an dem Steuerzettel- und Kalender-Geruch kann der Fremde merken, dass er in Schwaben ist. Doch, wenn er ein gutes Gläslein Wein trinkt und ein Schälein Kaffee, besser als in Paris, und ihn ein lieblich Filder-Kraut mit ein paar glänzenden Stücklein Fleisch von einem Schwein, entweder frisch aus dem Stall oder aus dem Salz oder gar vom Kamin, recht freundlich anlacht, und es kommt hintendrein ein Brätlein von demselben Tier oder von einem, das in reiferem Alter ein Ochs oder eine Kuh geworden wär, auch von einem Hammel, wenn es kein Schaf ist, – und zu guter Letzt ein Teller voll Straubezen, Waffeln, Apfelküchlein, – es kommt da ganz auf die Wirtin an, man kann sie fast daraus kennen lernen, – ja, da kann der Fremde wieder merken, dass er unter Schwaben ist. Und kommt er vollends in eine Abendgesellschaft, die in Zwilch, in grobes oder feines Tuch gekleidet ist, gewichste oder geschmierte Stiefel trägt, und hört, wie ein empfindsames Frauenzimmer mit ihrer empfindlichen Seele in den Mond gefahren ist und hat ihren Leib fast als Leichnam im Bett liegen lassen, oder dass sie von Dingen gesprochen, die kein gewöhnlicher Mensch hört und sieht, viel weniger weiß und begreift, – es muss nicht gerade in Großglattbach sein, auch anderswo gibt es so weibliche Propheten und Luftschiffer, – oder man spricht vom Teufelaustreiben, Hexenbannen, Geisterbeschwören, von wundervollen Ross- und Menschenkuren, vom Antichristen Strauß, oder von der Brüdergemeinde in Korntal und Herrnhut, von Klagen über Wildschaden, 'n Streit über Tierquälerei, G'sangbuchsnot, lebenslängliche Gemeinderäte, Hagelversicherung als Staatsanstalt, über den Schreiberstand als Mäusefraß, den Hausierhandel als Krebsschaden der Pfeiferkrämer, über die Wasserarmut der Neckarschifffahrt von Heilbronn bis Cannstadt, oder gar Lob- und Danksagungen für die Erlaubnis zu einem Schulhausbau oder zu einer kleinen Besoldungszulage für einen armen Schulmeister, – wenn er dergleichen hört, so darf er im Stillen denken, das sind Schwaben. –

Franz Schneller

Badische Küche

Gute Küche ist kein Luxus. Sie ist eine Quelle des Reichtums für ein ganzes Land und möglicherweise – denn das Fleisch ist schwach – das beste Werbemittel für den Fremden. Das ist ein Wort des Franzosen Charles Brun. Bei uns ist man noch nicht allgemein so weit, dies einzusehen, weshalb mancher, namentlich der im Auto Reisende, es vorzieht, aus seinem Korb zu picknicken. Vor allem gehen die Meinungen über den Begriff »gute Küche« stark auseinander. Man übersieht es, dass der Geist einer Rasse ebenso sehr in ihrer Küche zum Ausdruck kommt wie in ihrer Sprache oder Kunst. Ein einheimisches Gericht, ein bodenständiger Wein charakterisieren für die Vorstellung einen Landstrich absolut treffsicher. Darum gibt es für den Touristen mit Geschmack nichts Schauerlicheres, als diese ewig ihn auf allen Speisekarten verfolgenden Koteletts und Beefsteaks, die unter dem Vorwand, der Fremde verlange sie, geführt werden.

Diese Speisekarte ist es, die den Fremden langweilt und ihn aus Verzweiflung zum 1001. Male Beefsteak bestellen lässt, weil er es leid geworden ist, sich aus der ewig gleichen Speisefolge etwas auszusuchen. Die Zivilisation, auf die wir so stolz sind, hat unsere Küche entartet. Sie brachte uns die internationale Speisekarte. In Leder gebunden oder im Nickelrahmen steht sie auf den Restaurationstischen neben dem silbernen Körbchen mit den Brötchen, die wie keimfreie Watte in hygienischer Packung ruhen und sich ebenso anfühlen. Denn diese Küche hat auch den Laib Brot vom Tisch verbannt. Nur in den Bauernwirtshäusern, deren Hauswände selbst wie gesundes Brot aussehen, liegt er noch mitten auf dem Tisch, dort, wo man im Herbst, solange es Neuen gibt, dem Gast einen Teller mit Nüssen vorsetzt (als Geschenk des Hauses), wo der Gast bei einem Stück kernigen, hartgeräucherten Speck und einem Gläschen alten Kirsch glücklich wird.

Was wäre der französische Midi ohne sein Cassoulet, was Marseille ohne Aioli und Boullabaisse, was Wien ohne seine süßen Schmarrn und seine Nockerln?

Haben wir etwa eine eigene Küche? Aber natürlich, und zwar gerade wir Alemannen, die wir freudige Esser sind. Ein Land, dessen Volk so brotliebend ist, wie das unsrige, pflegt seine Küche.

Brot! Beginnen wir mit dem Brot. Ist es nicht ein Gericht für sich? Wird es etwa von uns nicht so behandelt? Während der Norddeutsche Brot nur als »Stulle mit Belag« kennt, lieben wir das Brot am leidenschaftlichsten ohne jeden Aufstrich. Der richtige Alemanne hat es stets neben seinem Teller und kann überhaupt nicht essen ohne Brot. Ein bekannter badischer Maler hat mir einmal versichert, dass er sogar zum Pfannkuchen Brot äße.

In einer Weingegend schafft das Brot erst die Möglichkeit, dieses edelste aller Getränke zu prüfen und zu genießen. Brot reinigt die Geschmackspapillen und schafft eine neutrale Geschmackslage.

Zur Küche! Man könnte sie eine eklektische nennen, denn die elsässisch-französische, die schwäbische, die schweizerische, die österreichische haben die badische wesentlich befruchtet.

Von dem westlichen Nachbarn haben wir die Suppen. Man liebt bei uns alle Arten, besonders die Gemüsesuppe und den richtigen »pot au feu«. Der rechte Alemanne isst seine Suppe heiß (und trinkt seinen Kaffee glühend). Schon damit weist er sich als echter Genießer aus. Sobald er sich an den Tisch setzt – und nicht zu spät – rückt die Platte in den Mittelpunkt seines Interesses. Er fürchtet sich vor leeren Tellern, bevorzugt einfache Aufmachung und klar sich bietende Speisen. Er will, dass ihr Herz gut und rein sei. Die Chemie, die aus Würfeln Tapiokasuppe zaubert, ist ihm in höchstem Maße verdächtig, und die Geschenke nordischer Heringküsten behandelt er wie ein Eskimo Salamiwürste.

Unsere Großmütter lernten noch bei guten alten Klosterfrauen die Kunst des Kochens. Es gab stets ganz ausgezeichnete Schulen, die als Akademien des Geschmacks galten. Seit die elektrische Küche mit ihren

Apparaten auch Kochbücher in Flugblattform liefert und viele Frauen einen guten Teil des Morgens darauf verwenden, sich in die süßesten Bonbons zu verwandeln, hat die Vorbildung für Küchenmeisterschaft einige Abkürzung erfahren. Trotzdem hat die badische Küche sich noch erhalten. Und wenn die Uhr Hans Thomas nicht vorher schon abgelaufen wäre, hätte er sicherlich noch dieses Bild gemalt, das als Lob guter badischer Küche gelten dürfte: am 70. Geburtstag des guten Geistes der Küche des Feldberger Hofes saßen an zwei langen Tafeln alle jene Schwarzwälderinnen, die am Herd des Hotels unter Anleitung von Fanny Mayer ihre Ausbildung erfahren hatten. Nun hatten auch sie mit ihr einen großen Tag. Von allen Höhen und Höfen, aus den entferntesten Tälern waren sie gekommen. Das eine Lager tüchtige Schwarzwälder Wirtinnen nun, das andere Köchinnen der Pfarrhöfe. Keine von ihnen wird je die Gesundheit ihrer Gäste aufs Spiel setzen. Sie alle werden mit den Werken ihrer Küche ihre Mitmenschen kräftigen und selbst die Gerichte der Fasttage werden es vergessen lassen, dass die Zunge Opfer zu bringen hat. Wer sich aber eine Vorstellung von ihrem Können machen will, der muss einen Begriff davon haben, was die Hand solcher Zauberinnen mit den Gewürzen auszurichten vermag, die in unserer Küche in Ehren gehalten werden und dessen Geschmackswerten in der Küchensprache bestimmten moralischen Tugenden entsprechen. Da gibt es Dill, Kerbel, Estragon, Safran, Thymian, Koriander, Enzian, Boretsch, Malve, Lorbeer, Muskat, Zitronelle, Acacia, Absinth, Hopfen, Melisse, Rosmarin und manch andere noch, die dem Geschmack zu durchschlagendem Siege verhelfen.

Wie viele Erfahrungen mögen diese Töchter Lukulls ausgetauscht haben an einem solchen Paradetag hoher Schule. Wie gern werden wir uns an ihren Tischen niederlassen und uns beglückwünschen, dass wir dank ihnen Gourmands geblieben sind. Sie sollen uns ihre Adressen schicken. Wir werden sie besuchen.

Was haben wir alles! Herrliche Fische aus den Bächen des Gebirges, aus dem Rhein, dem Bodensee, Forelle, Hecht, Felchen, Aal. Nicht zu vergessen die Backfische, die mit gemischtem Salat genossen sein wollen, Kartoffel- und »Sonnenwirbele« (Ackersalat), den die Breisacher mit köstlichem Walnussöl bereiten, dem sie feingewiegte Zwiebeln zusetzen, deren angenehmer Brand am besten ein Eckartsberger, ein Büchsenberger oder Ihringer Winkler löscht.

Salate. Mitten im Winter entzückt uns der grüne Flaum der Kresse. Die Reihe reißt nicht ab bis zum Herbst, der ausklingt mit dem krausen Endivien, früher Kapuzinerbart genannt, dem man eine mit etwas Knoblauch abgeriebene Brotkruste beigibt, statt – wie Rothschilds Koch – ihn einfach zu überhauchen!

Salate fein, Salate grob geschnitten, Salate mit Rahm, Salate mit Estragonessig und etwas Senf, Tomaten in Schnitzen, nur in Öl, um ihre eigene Säure rein zur Wirkung zu bringen. Schlangengurken aus den Weinbergen, herben Löwenzahn zur Frühjahrsreinigung.

Und weiter. Glanzstücke unserer Küche, die den Norddeutschen befremden: die Schnecken und ehedem die Froschschenkel. Nach dem Chor der Salate die unter und auf ihm lebenden Tiere. Die zartesten und aromatischsten Kräutchen futtert die Schnecke, sie, die zu Lebzeiten jedermann begeifert, verlangt vom Koch die gepflegteste Behandlung, die erlesensten Zutaten und wortlose Hingabe beim Genuss, denn heiß will sie genossen sein.

Wenn die Rebhuhn- und Fasanenzeit vorüber ist, hängen unsere Weinwirtschaften jenes Täfelchen mit der Aufschrift »Schnecken« heraus. Zwischen beiden benachrichtigen die Breisacher und Basler ihre Stammgäste vom Eintreffen des Salmes. So fehlt der badischen Küche zu keiner Zeit die Spannung.

An Wild mangelt es ihr nicht vom Hasen bis zum Wildschwein. In einem ist man nördlich des Mains uns überlegen: in der Dauerwurst! Aber dort wird eben alles verwurstelt, während bei uns die Wurst nicht diese bevorzugte Stellung auf dem Speisezettel genießt und immer einen ländlichen Einschlag behält.

Charakteristisch für die Freude »am guten Leben« ist für den Alemannen seine Frühstückskarte. Auf ihr steht saures und geröstetes Leberle und Nierle, Sulz mit Bratkartoffeln, Herz, Hirn, Briesle. Dauert an Sonntagen die Predigt zu lange, ist es für ihn eine angenehme

Beschäftigung, sich vorzustellen, was nun besser wäre, Leberle oder Nierle?

Unzertrennlich vom Samstag ist für ihn Siedfleisch mit Beilagen, unter denen die »Rahnen« (rote Rüben), ein Salat aus Karotten und Sellerie und der Meerrettich nicht fehlen dürfen. »Der« Mann mit blauer Fuhrmannsbluse, der für den guten Meerrettich zuständig ist, steht als Wächter des Wochenmarktes am Eck der Münstergasse.

Eine Kategorie für sich bildet das Schweinerne. Allem voran steht das saftige Schäufele, das hitzig ins Blut geht und rote Köpfe macht, denn man kann sich satt dran essen. Jeder Bissen zwingt zu einem neuen Schluck Kaiserstühler, jeder Schluck zu einem weiteren Bissen.

Herrlich ist die Zeit der »Mistkratzerle«, in die außerdem noch die Saison der Spargeln fällt. Wenn die Pfingstrose aufgeht, zieht man ins Oberland, bestellt am Tuniberg Spargeln mit »Kratzete«, im Markgräflerland sein Hähnchen mit Salat. Aufregend ist das, so dazusitzen, das letzte Krähen des stolzen Vogels zu hören, der von flinken Händen rasch gerupft und sofort auf die Pfanne gebracht wird. Zum Geflügel geben die sauber-geschliffenen Laufener, Britzinger, Auggener die richtigen Flötentöne des Entzückens. Das ist überhaupt der Gnadenzustand der oberbadischen Küche, dass es kein Gericht gibt, zu dem die Weinberge nicht auch den stilvollsten Wein böten. Darum sollten unsere Wirte dazu kommen, in ihre Speisekarte ein Fenster mit deutlich gekennzeichneten Spezialitäten einzufügen, zu denen sie das passende Getränk ihres Kellners empfehlen. In der französischen Provinz gibt es Gasthöfe, die bei jedem Menü die dazugehörenden Weine auf einer Anrichte bereithalten in der richtigen Temperatur.

Noch zu wenig beachtet werden unsere Pilze. Wenn die Witterung ihnen günstig ist, wachsen sie in Massen. Unter der großen Laube des Kaufhauses, wo die Frauen mit Wacholderbeeren und Muskatnüssen sitzen, haben auch die Pilzjäger ihre Plätze, da duftet es nach dem Anis der Champignons und aus langen Waschkörben leuchtet das Gelb der Pfifferlinge auf.

An Gemüsen haben wir einfach alles, und (weil der Boden und die milde Luft ihnen günstig sind) wie zart, wie aromatisch. Während wir von den Schwaben die Spätzle (badisch »Knöpfle«) und die Flädle übernommen haben, eine Klasse, in die auch die Riebele und Fadennudeln gehören, als traditionelle Suppeneinlagen, behielt unsere Küche aus der gotthabsieseligen vorderösterreichischen Zeit schöne Süßspeisen. Von Österreich haben wir meines Wissens auch die »Schupfnudeln« (»Bubespitzle«), die mit Apfelmus gereicht werden, die »Sträuble«, die Blätterteige und manche Sorten von Gebäck. Von ihnen stammt so vieles, was der Volksmund mit dem Sammelnamen »Gutsele« bezeichnet: Butterbackesle, Springerle, Hippen, Gipfele aus mürbem Teig, rösche Brezeln. Ja, Brezeln! Sie sind zum Wahrzeichen Freiburgs geworden. Draußen, wo man keine Ahnung vom Freiburger Münster hat, kennt und schätzt man sie, wie unseren Schwarzwälder Kirsch, unser Zwetschgenwasser und unseren Himbeergeist.

Wer es erleben will, was badische Küche ist, lasse sich zu einer Erstkommunion, einer Bauernhochzeit, einer Primiz einladen. Dort herrscht niederländische Esslust und Fröhlichkeit. Wir wollen es nicht vergessen, dass unsere gesegnete Ecke ganz ausgezeichnete Köche hervorgebracht hat und dass unter den Schöpfern herrlicher Gerichte sich stets Vertreter Alemanniens hervorgetan haben.

Besinnen wir uns endlich auf den köstlichen, ausgezeichneten Besitz unserer Küche und reinigen wir ihn vom Überflüssigen. Wenn irgendwo die Überbetonung des Nationalen am Platze ist, unangefochten ist es in der Küche. Unsere Küche, unseren Keller lasst uns ehren!

Thaddäus Troll

Die schwäbische Küche

Beginnen wir mit den Maultaschen. Sie sind für mich nicht nur das Spitzenerzeugnis der schwäbischen Küche, sie entsprechen auch dem Wesen des Schwaben. In einem unliebenswürdigen Gewand verbirgt sich ein delikater Kern. Sie schmecken hehlinge gut. Außen pfui und innen hui, überspitzt ausgedrückt.

Zunächst künden die Maultaschen des Schwaben kulinarische Vorliebe für Gebilde aus Mehl, für Papp, wie sich Nichtschwaben herabsetzend ausdrücken, was auf schwäbisch onomatopoetischer Babb hieße. Eine leichenfarbene Hülle aus Nudelteig entsagt jedem optischen Reiz und wirkt appetitzügelnd. Aber wie köstlich ist die reiche Fülle aus Bratwurstbrät, Schinken, Fleisch, Speck, Spinat, Zwiebeln, Eiern, Petersilie, Muskat und Majoran! Jede Hausfrau hat dafür ihr Spezialrezept. Diese Maultaschen schwimmen wie Wasserleichen in Fleischbrühe. Oder sie werden mit Eiern überzogen, im Ofen gebacken. Oder mit braunen Zwiebeln überschmälzt als blasse Wesen einem fahlen Kartoffelsalat beigelegt, der Zunge weit willkommener als dem Auge. Oder in Streifen geschnitten und in der Pfanne aufgebacken zu grünem Salat serviert. Oder sie dienen gar als augengräusliche Beilage zum Sauerkraut.

Was aber das Schlimmste an den Maultaschen ist: man bemogelt damit den lieben Gott. Denn der protestantische Schwabe hält einen Fastentag im Jahr streng ein, den Karfreitag. Da kommt kein Bissen Fleisch über seine Lippen. Maultaschen aber sind die beliebteste Karfreitagsspeise. »Haltet ihr den lieben Gott für so dumme, dass er nicht durch den Nudelteig durchgucken kann?« wies meine Tochter empört diese verbrämte Fastenspeise zurück.

Woher die Maultaschen und ihr unliebenswürdiger Name kommen, darüber berichtet keine zuverlässige Quelle. Mit der tirolischen Gräfin Margarete Maultasch haben sie nichts zu tun. Ob sie vergrößerte und verbesserte Nachkommen der italienischen Ravioli sind? Ob eine der Gemahlinnen württembergischer Dynasten aus dem Zarenhaus die Piroggen mitgebracht hat, die sich dann zu schwäbischen Maultaschen entwickelt haben? Das Mehl spielt in der schwäbischen Küche eine große, die Kartoffel eine geringe Rolle. Die Unsitte, Gemüse mit einem Mehle zu strecken und ihm damit einen babbigen, faden Einheitsgeschmack zu geben, wird glücklicherweise pensioniert. Dieser Gefahr sind die Spätzle nicht ausgesetzt. Wie die Schwaben in der Stauferzeit Fundamentum et columna imperii waren, so sind die Spätzle Grundlage und Säulen der schwäbischen Küche. Schon in mittelalterlichen Darstellungen ist der Schwabe mit einem Spätzlesbrett abgebildet, jenem Küchengerät, von dem ein Teig aus Mehl, Wasser, Salz und Eiern zu möglichst dünnen, wurmartigen Gebilden ins kochende Wasser geschabt wird, bis die Spätzle jene schlaffe Konsistenz haben, die sich von der Sauce liebend umschmeicheln lässt. Spätzle schließen auf der schwäbischen Tafel glückliche und unglückliche Ehen mit artfremden, allzu nah verwandten, kontrastierenden und harmonierenden Speisen. Welch glückliche Verbindung von Spätzle und einem kräftigen Rostbraten mit viel gebräunten Zwiebeln darauf, welche der Zunge wohlgefällige Ehe mit einem saftigen Schlachtbraten! Welch kühne Liaison zwischen Spätzle und Sauerkraut. Wie gefällig dem Auge die falben Gebilde neben dem gesunden Grün des Spinats. Dazu einen Rindsbraten: Ich finde das im Gegensatz zu meiner preußisch angeseuchten Familie deliziös. Mit Bundeskanzler Kiesinger verbindet mich die Vorliebe für eine wegen seiner Verdoppelung der Kohlehydrate von Ernährungswissenschaftlern mit Abscheu vermerkte Mesalliance von Linsen mit Spätzle, dazu ein kräftiges Rauchfleisch oder heiße Würstle. Kühn, sehr kühn ist der pazifistische Gaisburger Marsch: in einer Fleischbrühe Rindfleisch, Kartoffeln und Spätzle vereint. Aber Spätzle und Kartoffelbrei im inzestiösen Beilager auf einem Teller tun mir weh, und auch für die bäuerlich-sonntägliche Zusammenstellung von Kalbsbraten, Kartoffelsalat und gerösteten Spätzle hat meine Zunge nicht das richtige Verständnis.

Das Wort Spätzle kommt wohl aus dem Mönchslatein. Pezzo heißt italienisch das Stück, spezzare bedeutet in Stücke schneiden, spezzato ist also Gestückeltes, Geschnitzeltes. In einigen Teilen Schwabens, besonders im Allgäu, wird der Spätzlesteig durchs Sieb gestrichen, dann entstehen Knöpfle, die dem Schwaben den Beinamen gegeben haben. Dass die handgemachten, also geschabten Spätzle besser sind als die maschinell hergestellten, ist eine Tatsache, die man nicht genug betonen kann. Der Spätzlesteig lässt sich mit vielen Zutaten vermischen, zum Beispiel mit Leber. Aber manchmal versteht man unter Leberspätzle auch Leberknödel, eine ebenfalls rühmenswerte schwäbische Delikatesse, die in der Brühe oder zu Kartoffelsalat serviert wird und vortrefflich schmeckt.

Aus Mehl also weiß der Schwabe oder besser gesagt, die Schwäbin, etwas zu machen. Als der pietistische Pfarrer Flattich einmal bei Hofe eingeladen war und als Einziger mit ungepuderten Haaren an der Tafel saß, monierte Herzog Karl Eugen diesen Eigenwillen. Aber der Pfarrer war um eine pragmatische Begründung nicht verlegen: »I brauch mei Mehl zu de Spätzle.«

Auch die Flädle, dünne Eierkuchen, sind eine schwäbische Spezialität. Man serviert sie als Beilage zu Spargeln oder füllt sie mit Fleisch oder Gsälz. Dieses Gsälz hat nichts mit Gesalzenem oder Geselchtem zu tun, wohin es etymologisch tendiert. Es mit Marmelade zu übersetzen, würde das schwäbische Hausfrauenherz beleidigen. Gsälz ist ein ausgezeichneter Brotaufstrich aus eingekochtem Obst und Zucker, von der Hausfrau mühevoll selbst bereitet. Das Einmachen gehört zu den Kardinalstugenden der schwäbischen Hausfrau. Gewiss – es gibt Konserven – aber sie lassen sich mit dem Selber-Eigmachte nicht vergleichen. Im Schwäbischen existiert sogar ein eingemachtes Kalbfleisch, das keineswegs eingeweckt ist, aber so gut schmeckt, als ob es eingemacht wäre.

Flädle legt man auch, in dünne Streifen geschnitten, in Fleischbrühe und hat damit eine schwäbische Leibspeise: die Flädlessuppe. Wie überhaupt für den Schwaben ein Essen ohne Suppe kein Essen ist, was ihm die Bezeichnung Suppenschwab eingebracht hat. Schwäbische Suppenspezialitäten: Brotsuppe, Riebelessuppe (Fleischbrühe mit hinein geriebenem Nudelteig), Einlaufsuppe (Fleischbrühe mit geschlagenem Ei), Nudelsuppe, Suppe mit Mutschelmehlklößchen, eine Ulmer Besonderheit.

Die Metzelsuppe hingegen ist eine verkleinernde Bezeichnung für eine große Sache. Früher pflegten die Wirte durch eine ausgehängte Schweinsblase bekanntzugeben, dass sie geschlachtet hatten. Da gab es dann eine Wurstbrühe mit Schwarzbrotscheiben, die der Metzelsuppe den Namen gab, und dann eine Schlachtplatte, auf deren Fundament aus Sauerkraut, Spätzle, Kartoffeln und Erbspüree sich ein Gebirge von hausgemachten Blut- und Leberwürsten und Kesselfleisch erhob. Uhland hatte der Metzelsuppe sogar ein Gedicht gewidmet, das jedoch in den beiden letzten Jahrzehnten entweder gar nicht oder entstellt zitiert worden ist, weil es einen antisemitischen Seitenhieb enthält.

Doch wir sind der Vorliebe des Schwaben zum Mehl entflohen und schon aufs Fleisch gekommen, das es früher bei den armen und sparsamen Schwaben nur sonntags und da in stets gleicher Zusammenstellung gab: Kalbs- oder Schweinebraten mit Kartoffelsalat und gröschte (was nicht von groß, sondern von geröstet kommt) Spätzle. Also zurück vom sonntäglichen Rostbrätle, von Nierle und Briesle, Knöchle, Ripple und Wädle und noch einen genüsslichen Seitenblick geworfen auf die Mehlspeisen, wie der Wiener zu den süßen Speisen sagt: Ofenschlupfer aus Weißbrot, Äpfeln, Eiern und Rosinen; Pfitzauf; bachenen Schnitten; Fastnachtsküchle; Dampfnudeln; Gugelhopf; Hefenkranz, Schneckennudeln; Streusel-, Käs- und Apfelkuchen. Der Käskuchen ist süß und wird aus Luckelkäse gemacht. Luckele sind junge Hühner, die mit Quark gefüttert wurden. Quark hat erst im letzten Krieg durch die Lebensmittelzuteilungen den bildhaften Luckeleskäs verdrängt.

Mit der Kartoffel kann der Schwabe nicht allzu viel anfangen. Er serviert sie als bescheidene Beilage »en dr Schal«, wobei ihr Striptease erst bei Tisch stattfindet. Köstlich ist der schwäbische Kartoffelsalat, gut ein Kartoffelgemüse mit Siedfleisch, ein traditionelles Samstagsessen, das manchmal zu einer Kartoffelsuppe verwässert wird.

Solid, habhaft, konservativ, mitunter etwas derb wie der Schwabe selbst ist auch die schwäbische Küche. Die gutbürgerliche Hausmannskost dominiert. Experimenten in der Küche ist der Schwabe abgeneigt. »Was dr Bauer net kennt, des frisst er net!« Ich bin mit einem Schwaben befreundet, dessen Konzertreisen ihn durch die ganze Welt führen. Wenn ich ihn aber nach den Spezialitäten der japanischen, indischen, südamerikanischen oder auch nur italienischen Küche, nach Scampi und Fischen, nach Muscheln und Knoblauch frage, dann schüttelt er sich angewidert, froh, überall sein Steak und sein Schnitzel zu finden.

Delikate Wildgerichte; Forellen und Aal in Salbei; Wels, der bei uns Waller heißt, aus dem Federsee oder der Donau; Fasanen und Rebhühner gibt es zwar auch in Schwaben, und es gibt auch Schwaben, die solche Gerichte zu genießen und sogar zu kochen vermögen, aber das ist eine kulinarische Oberschicht, die aus der Art schlägt. Der Schwabe liebt eine gute Küche. Zum Gourmet, zum Feinschmecker, bringt er es selten. Vielleicht steht ihm dazu auch der bäuerliche und der pietistische Ahn im Wege, der seine Genussfähigkeit beschränkt. Man isst, um satt zu werden. Dass der Geschmackssinn im schwäbischen Dialekt ausfällt, ist kein Zufall.

Wichtiger als das Abendessen ist ihm sein Vesper, eine Zwischenmahlzeit, die früher morgens um zehn Uhr und nachmittags gegen vier Uhr eingenommen wurde. Heute hat das nachmittägliche Vesper zuweilen sogar das Abendessen verdrängt. Da trinkt man ein Glas Wein und isst dazu eine Laugenbrezel, ebenfalls eine schwäbische Spezialität, die man nicht genug preisen kann. Dazu einen Kräuterkäs oder eine von den einfachen schwäbischen Würsten, die gut sind: einen Schwartenmagen oder eine weiße Presswurst, eine Schinken- oder Leberwurst. Raffiniertere Würste sucht man vergebens in Schwaben. Die meisten sind rosa und schmecken auch so. Belegte Brote sind unbeliebt. Man schneidet die Wurst und isst sie wie Fleisch ohne Butter zum Brot. Ein köstliches Vesper ist auch ein warmer Zwiebelkuchen, den es im Herbst zum süßen oder räsen Wein gibt, der am besten dann schmeckt, wenn er bizzelt. Suser sagt der Schweizer Vetter dazu.

Dass der Geschmackssinn des einfachen Schwaben nicht allzu empfindlich ist, mögen die beiden Anekdoten illustrieren: Einem Tübingen Gôgen, der gerade eine Grube leerte, fiel die Jacke hinein. Eifrig stocherte er mit einer Stange darnach, was seine Begleiter zu dem Kommentar veranlasste: »Karle, lass dein Kittel dren, kasch ehn doch nemme aziage, ond so arg schee isch er jô au nemme gwä!« »Om de Kittel wär's mer jô net, aber s'Veschper steckt no en dr Tasch.«

Zwei Marktfrauen haben Streit. Die eine greift nach

einem Rossapfel, wirft nach der Gegnerin und trifft mitten in den Mund. Die Getroffene murmelt: »So, aber der bleibt dren, bis d'Bolizei kommt!«

Angelika Bischoff-Luithlen

Essen und Trinken auf der Alb

»Mehlspeisen, besonders große Knötlen (Knöpfla) sind ihr Leckerbissen, ihr einziges Gemüs ist Sauerkraut, süße Milchen mit Brot dick gestampft so auch im Sommer saure Milchen. Brot essen sie viel von Dinkel, aber auch mit Roggen und Gerste vermischt, Erdbirnen gibt es wenige« – man merkt diesem Bericht eines Laichinger Pfarrers von 1800 geradezu die Gänsehaut an, mit der er den Küchenzettel der damaligen Älbler beschreibt. Da er später einmal vermerkt, dass im Pfarrgarten der »Karviol« gut gedeihe, ist anzunehmen, dass der Tisch im Pfarrhaus etwas abwechslungsreicher gedeckt war. Es ist ja auch für uns Heutige kaum glaubhaft, wie anspruchslos die Leute damals lebten. Man hat es ihnen wohl auch angemerkt, denn es sind in alten Akten immer wieder Klagen darüber zu finden, dass die Laichinger Älbler so klein geraten und daher bei einer Musterung kaum junge Leute mit dem vorgeschriebenen Maß zu finden seien. Aus der selbigen Gegend stammte wohl auch der junge Ehemann, bei dessen eingehenderer Besichtigung die Frau entsetzt ausgerufen haben soll: »O Ma, was hosch du für dürre Füß!«

Sie wäre beinahe am eben erreichten Tor der Ehe noch einmal umgekehrt, und es hat viel Liebe und guter Worte von seiner Seite bedurft, um diesen Mangel auszugleichen.

Indessen schreibt ein Lehrer aus dem Jahre 1902 schon etwas hoffnungsvoller, er spricht von Salat und grünen Bohnen zu den »Knötlen«, von Ofen- und Rohrnudeln, vom schwarzen Brei aus gedörrten und geschroteten »Kernen«, von einem bis drei Schweinen, die jährlich je nach Hofgröße geschlachtet werden, vom täglichen Vesper mit Brot und Most, Käse und Rauchfleisch und von der bösen Sitte des Kaffeetrinkens, die so einreiße, womit aber wohl der aus geröstetem Weizen hergestellte Weizenkaffee gemeint ist, oder mindestens zum größten Teil, denn »Kaffeebauhna« sind sogar heute noch ein Luxus für den Älbler, den er sich nur an hohen Festtagen genehmigt. Eine Mutter rannte einmal voller Entsetzen auf die Straße und rief die Leute zusammen, ihr Mariele sei hinter die Festtagsbüchse gekommen und habe »älle Kafeebauhna nag'schlonda« (hinabgewürgt) – ich glaube, sie überlegte mit den Nachbarinnen ernstlich einen Weg, wie man die kostbaren Bohnen wieder zurückgewinnen könnte.

Aus den Berichten des Pfarrers und des Lehrers sehen wir schon die Entwicklung, die die Essgewohnheiten des Älblers gemacht hat: von spartanischer Einförmigkeit zur langsamen Auflockerung und allmählichen Hinwendung zu den Erkenntnissen der heutigen

Ernährungswissenschaft. Die Entwicklung verläuft aber sehr zögernd und macht an den Dingen Halt, die man nicht »selbst hat«. In jeder Landschaft lebt der Bauer in erster Linie von den eigenen Erzeugnissen, er ist froh, wenn er »nichts kaufen« muss und begreift nie, was der Städter für Essen ausgeben muss. Wenn man vom »bodenständigen« Bauern spricht, muss man auch an den Magen denken und daran, dass so ein alter Achtzigjähriger ja buchstäblich aus seiner eigenen Scholle heraus lebt und gelebt hat. Wir wissen ja, dass so eine Komponente unseres Wesens vom Essen mitbestimmt wird: denken wir an den feurigen Italiener mit Risotto, Maroni und Orangen, an den Nordländer mit Fischen, Tran und »Korn« – jeder ist auch auf diese ganz reale Art ein Geschöpf seines Landes.

Auf der Alb gibt es Getreide und Gras, wenig Obst und Gemüse, keinen Wein – also nichts Feuriges, nichts Süßes, Leichtes und Aromatisches, aber Mehl und Schrot, Brot, Milch und Fleisch, die braven und guten Grundelemente. »Knöpfla« sind wohl auch heute noch die verbreitetste Speise: kleine Klöße aus Mehl, heißem Wasser und Salz. Diese Zutaten müssen in der Schüssel mehr gerieben als gerührt werden; trotz der einfachen Zutaten (wenn man »aushausig« sein will, kann man ein Ei beifügen) ist es eine gewisse Kunst, den Teig so fertig zu bringen, wie er sein muss. Alte überlieferte Küchenrezepte zeichnen sich überhaupt oft durch eine gewisse Handfertigkeit aus, man muss »Übung« und Geduld haben, viel mehr als heute, wo alles auf Schnellküche bedacht ist. Die Knöpfla jedenfalls dürfen nicht zu fest werden und müssen beim Kochen im Salzwasser schön zur Oberfläche aufsteigen. »A reachta Magd ond a reachts Knöpfle standt von selber auf«, sagt der Älbler und trifft dabei wieder einmal genau doppelbödig.

Daneben werden auch Spätzla gemacht, aber die Knöpfla sind, wohl wegen noch einfacherer Zutaten, beliebter. Als Zugabe gibt es Sauerkraut, das »einzige Gemüs«, das größtenteils von den Fildern bezogen wird. Im Herbst gehen die Filderbauern von Haus zu Haus und preisen ihre Ware an. Ihr langgezogenes Rufen »F-i-i-i-lderkraut!« gehört unabwendbar zu den Herbstzeichen im Dorf wie der Dreschmaschinenton und das Drachensteigen. Es heißt, der Älbler sei im Küchenzettel so phantasievoll: wenn es einmal Knöpfla mit Kraut gegeben habe, gebe es den andern Tag Kraut mit Knöpfla. Aber es ist nicht mehr ganz so schlimm. Gemüseanbau wird in den Gärten mehr und mehr gepflegt, dann belebt auch einmal eine Süßspeise den Tisch, es gibt Nudla, also Dampf- und Rohrnudeln, in Form ungesüßter Hefeklöße, besonders in Merklingen und Umgegend bekannt, dem »Nudelallgäu«, wo es heißt (mit dem scharfen a der dortigen Mundart): »Wenn mâ halt Nudlâ hât, nâ hât mâ halt gessa.« Diese Nudeln gibt es dort praktisch den ganzen Tag, morgens und abends »in den Kaffee« (denn »einbrocken« tut der Älbler mit Leidenschaft und verkämpft sich geradezu in guter Gesellschaft um das Gewährenlassen dieser heimatlichen Vorliebe) – und sonntagmittags zum Braten.

Vor dem Einbruch der »bösen« Kaffeezeit gab es ein rechtes und wehrhaftes Bauernessen auf der Alb, den »schwarzen« Brei aus gedörrtem und geschrotetem Dinkel, der kräftig braun gefärbt ist zum Unterschied vom »weißen« Brei für die kleinen Kinder. »Dui, wo koin schwarza und koin weißa Brei kocha ka, dui soll net heirata« – das heißt, sie solle für Erwachsene und die kleinen Kinder das Kochen gelernt haben. Der schwarze Brei war so nahrhaft, dass die Männer, die ihn genossen, stundenlang auf dem Feld arbeiten konnten, ohne Hunger zu bekommen, besonders wenn eine gute Portion zerlassenes Butterschmalz darüber gegossen wurde. Man säte das »Musmehl« in kochendes Wasser und kochte es dick; dazu gab es in jedem Bauernhaus die »Breipfanne«, die mittels des »Pfannenknechts«, einer Art Untersetzer, direkt auf den Tisch kam. Das Fett kam darüber und man löffelte einträchtig aus einer Schüssel. Aber diese Zeiten sind hin, heute gibt es Kaffee oder Milch, jeder Esser bekommt eine große Tasse oder »Kaffeeschüssel« mit »Ohrlappen« daran und brockt ein; Schwarzbrot meistens, sonntags etwas Weißes, ein »mürbes Brot« mit Milch und Schmalz gebacken, früher eine ganz besonders festliche Sache, denn man hatte nicht viel Weißmehl. Einen »Hefekranz« sieht man heute häufiger; früher gab es ihn nur zu Weihnachten und zur Konfirmation, ganz feines Backwerk kannte man nicht.

Das Schlachtfest ist immer eine Freude; wenn die »Sau« ihren letzten Schrei getan hat, wird sie hurtig und vergnügt zu Fleisch, Wurst und Grieben verarbeitet. Man hat einen Hausmetzger bestellt, außerdem ist die ganze Familie nebst Anverwandten und Kindern auf den Beinen, um Speck zu schneiden, Schmalz zu sieden und dem Kessel ordentlich einzuheizen, in dem ein beträchtlicher Teil des nahrhaften Tieres gesotten wird. Alle können es kaum erwarten, bis etwas »weich« ist, man »stupft« immer einmal wieder mit der Messerspitze ins Züngle oder sonst ein Stück – endlich ist es soweit, dann geht es zum Essen, wo sich die Familie die ersten Leckerbissen zu Gemüte führt; dazu gibt es Kraut, Brot und Most. Inzwischen hat der Metzger die ersten Würste gefüllt und es geht ans »Austragen«. Nachbarn und Verwandte bekommen ein »Kännle« voll Brühe, worin ein Stück Kesselfleisch schwimmt und vielleicht ein »Würstle«. Meint man es ganz gut, bekommen einzelne später noch ein Bratfleisch, wenn der Metzger abends zum »Aushauen« da war. So werden Familien, auch wenn sie selber nur einmal schlachten, doch immer wieder mit Frischfleisch und Brühe versorgt.

Heute wird viel Rauchfleisch gemacht und »eingebüchst«, denn man will es sommers bei der Feldarbeit griffbereit haben, wo viele Familien werktags nicht mehr warm essen, sondern nur vespern, ein Segen, den das technische Zeitalter mitgebracht hat. Brot und Fleisch ist das Sommeressen, dazu natürlich Most, den man im Herbst aus Unterländer Obst hergestellt hat und dem viel Aufmerksamkeit geschenkt wird. Most ist keinesfalls gleich Most; es kommt auf den Keller an, auf den gewissen Lagerplatz und viele andere Wichtigkeiten, über die lange und ausführlich debattiert wird. »Versuchet au unsern Moscht« ist die Einladung an Gäste, und man »büßt ein«, wenn man da ablehnt. Auch aus Johannisbeeren wird Most gemacht, er wird süffiger und süßer und die Frauen mögen ihn gern; er ist allerdings stärker als der Apfelmost. Als eine alte Älblerin im Sterben lag, wurde sie von der Nachbarin erinnert, dass sie noch so viel »Träublesmoscht« im Keller habe, und wer den trinken solle, wenn sie nicht mehr sei. Darauf, sagt man, sei die Alte aufgestanden mit den Worten: »I stirb et, i sauf'n selber!« Sie lebt noch heute. – Auch in den Bauernwirtschaften gibt es Most, und es ist bekannt, dass er dort auch zum »Weinanmachen« verwendet wird. Als ein Älbler einmal ein Viertele bestellte, wurde er gefragt: »Witt oin ohne Moscht – oder ganz ohne Moscht?« Er erwiderte: »Na brengsch mer lieber glei en Moscht, na woiß e gwiß, dass koi Wei dren isch!«

Die ältere Generation hängt noch sehr an ihrem gewohnten Most, es heißt er »gebe Kraft«; die jüngere kommt etwas davon ab. Der Süßmost führt sich ein, das ist auch auf den Einfluss der Landwirtschaftsämter und der Wirtschaftsberaterinnen zurückzuführen, die unermüdlich Kurse in Richtung neuzeitlicher Ernährung abhalten. Die jungen Töchter lassen sich gern beraten und verändern daheim vieles an alten Essgewohnheiten.

Moderne und neonbeleuchtete Lebensmittelgeschäfte bürgern sich indessen langsam auf den Dörfern ein, Gemüse, Obst und Fisch wird regelmäßig von außerhalb geliefert, und der Arbeiter im Albdorf kann sich völlig dem städtischen Lebensstandard angleichen, er tut es auch. Der Bauer hält sich zurück. Für ihn ist Gemüse und Obst immer noch ein »G'schleck«, das nicht nährt und nur teuer ist, er kauft auch Süßstoff statt Zucker und steckt alles Verfügbare in den Hof, besonders in die Maschinen. Daher ist der Ernährungszustand bei Bauernkindern oft schlechter als bei den Kindern derer, die »alles kaufen müssen«. »Man kann an keinem Ding mehr sparen als am Häs und am G'fräs«, heißt es da; die alte Tradition größter Einfachheit sitzt trotz üppiger Schaufenster noch fest. Man fühlt sich an jenen Alb-Schultes erinnert, der eine Geschäftsfrau vor gar nicht allzu langer Zeit in Grund und Boden hinein verdonnerte, weil sie als Erste im Dorf Schokolade führte. »Du verdirbst mir noch den ganzen Flecken mit deinem Schoklad!«

Vincent Klink

Wüschtgläubig

Das Remstal, ein wunderschönes Tal, führt von Stuttgart aus gen Osten über Waiblingen, Schorndorf, bis weit hinter Schwäbisch Gmünd. Letzteres, eine ehemalige Reichsstadt, ist meine Heimat. Dieses schwarzkatholische Loch wurde immer schon »Schwäbisch Nazareth« genannt, denn es war vom württembergischen Protestantismus buchstäblich umzingelt. Den Gmündern blieb nichts anderes übrig, als den Katholizismus mit einer gewissen Bunkermentalität zu optimieren. Fastnacht führte zu einem wochenlangen Blackout des Gemeinwesens. Feiern, Essen und Trinken waren Vorschrift. Ein ausgewachsener Rausch am hellichten Tag war Ehrensache. Dieser Ort der Lust war die optimale Ausgangslage für mich als Gourmetkoch und für meinen prosperierenden Bauch, auf den ich heute stolz bin.

Im unteren Remstal, also auf dem Weg nach Stuttgart, leben jede Menge rechte Leute, aber auch Bekloppte in großer Zahl. Die rechten Leute des unteren Remstals sowie Stuttgarter, die bei Trost waren, reisten achtzehn Jahre lang brav gen Osten nach Schwäbisch Gmünd.

Dort betrieb ich meinen »Postillion«, keine normale Kneipe, sondern einen Kalorien-Hotspot.

Das Promilleproblem und die prohibitionistischen Tendenzen der modernen Politik ahnte ich früh. Deshalb verzupfte ich mich 1991 nach Stuttgart, wo mehr Menschen lebten und im Bereich erträglicher Taxikosten genügend Kundschaft beizutreiben war. Mein verfressener Gmünder Fanclub maulte schwer und gab mir eine Art Fluch mit auf die Reise: »Was, du gohscht nach Stuttgart? Bisch du total verrückt? Du goscht zu de Pietisten, zu de Wüschtgläubige?« Final hörte ich dann noch als sibyllinisches Echo: »Nur die allerdümmsten Kälber wählen ihren Schlächter selber!«

Die Gmünder hatten recht. Stuttgart ist eine pietistische Grube, aber es ist nun mal kein kleines Kaff. Unter den vielen Einwohnern gibt es genug, die wie die Gmünder empfinden. Was die Gmünder unter wüschtgläubig verstehen, soll eine kleine Anekdote belegen: Ein Kollege in Endersbach, im Remstäler Weingebiet nahe Stuttgart, wurde vor ungefähr zehn Jahren von seinem Nachbarn angesprochen. Nein, nicht angesprochen, sondern angefahren. »Ich finde es überhaupt nicht in Ordnung, dass du in deiner Wirtschaft die Leute zum Alkohol verführst.« Kollege Gastwirt war dermaßen konsterniert, dass er erst einmal Luft holen musste. Der moralinsaure Nachbar war nämlich Winzer und ist es heute noch.

Man vermutet in solchen Fällen eine Geisteskrankheit oder zumindest, dass einer nicht »alle Gurken im Glas hat«. Dem ist aber nicht so. Der Winzer guckte hell aus stechenden Augen, hatte eine saubrav intakte Familie, die Töchter liefen im Amish-People-Outfit herum, also in knöchellangen Röcken. Alle gehen heute noch pünktlich zur Bibelstunde. Kurzum, sie waren nichts als typische Remstäler Hardcore-Protestanten.

Der gute Koch kam wieder zu Atem und entgegnete dem Winzer, er sei doch Weinbauer, der Wein komme von ihm, und er, der Wirt, verkaufe ihn nur weiter. Der Winzer, ein Typ von asketisch-zähledrigem Aussehen, knarzte darauf aus seiner verhutzelten Mundöffnung, in die man kaum ein Zwei-Cent-Stück reinquetschen könnte: »Ich baue nur die Trauben an. Mit Alkohol habe ich nichts zu tun! Die Trauben verkaufe ich an die Remstal-Kellerei, die macht dann den Wein, und du verführst damit deine Kundschaft zum Unglück.«

Der Magen und das Sozialleben

Hans Flach

Symptom des bequemeren Lebens

Noch weit auffallender für den Norddeutschen und ziemlich unnatürlich sind die Ansprüche des weiblichen Geschlechts in Württemberg, besonders der Wäscherinnen, Näherinnen, Büglerinnen. Nicht nur, dass in württembergischen Häusern für die Letzteren z. B. ein weit opulenteres Mittagsmahl zugerichtet wird, als in der Familie gewöhnlich und selbst am Feiertag verabreicht wird, so beanspruchen dieselben noch mehrere Mal Wein am Tage, um vier Uhr Kaffee und um sechs Uhr ein festes Vesper (aus Wurst und Wein bestehend), sodass man sich nur wundern muss, dass die Näherinnen, welche Tag für Tag eine sitzende Lebensweise führen, nicht alle in kurzer Zeit einen Embompoint bekommen und dem Aufplatzen nahe sind. Auch die Dienstmädchen verlangen mehrere Male am Tage alkoholische Getränke, entweder Bier oder Most. Dies hängt aber wohl damit zusammen, dass der Schwabe überhaupt am Tage weit häufiger isst, als der Norddeutsche, – vielleicht ist dies auch rationeller – indem er beispielsweise am Nachmittag um 4 Uhr, nachdem er Kaffee bald nach Tisch zu sich genommen hat, ein Vesper mit Bier, Käse oder roter Wurst (neben den Spätzeln das württembergische Nationalessen) einnimmt, was fast allen Norddeutschen ein Ding der Unmöglichkeit wäre, wenn sie sich nicht zufällig auf einer Fußtour befänden, oder auf irgend eine Weise um das Mittagessen gekommen wären. Ein württembergischer Offizier, der eine Zeit lang nach Berlin kommandiert war, hat die Unkultur Berlins auch dadurch zu beweisen gesucht, dass er um 4 Uhr nirgends eine warme rote Wurst zu essen bekommen habe.

So wird man dreist behaupten können, dass die unteren und mittleren Klassen Württembergs weit besser leben, als die entsprechenden Stände in Norddeutschland, zumal die in den östlichen Provinzen. Dafür findet man in den reicheren Ständen auch nicht im Entferntesten das materielle Wohlleben, das in Norddeutschland, besonders in allen Seestädten, angetroffen wird. Von einer Vortrefflichkeit der Küche, wie sie die norddeutschen Seestädte bieten, ist in keinem Stande Württembergs die Rede, und feinere Sachen pflegen die wenigsten Württemberger zu lieben. Selbst in den reichsten Häusern versteht man keinen Braten zu bereiten, wie auch die ganze Kost im Wesentlichen bäurisch ist: Brot, Gebackenes, Mehlsachen, Rindfleisch. Von den feineren und mannigfaltigen Zubereitungen des Fleisches, wie sie in Norddeutschland üblich sind, hat man in ganz Württemberg keine Vorstellung. Erst in der allerletzten Zeit haben auch Seefische eine allgemeinere Verbreitung gefunden, freilich nur in unvollkommener Zubereitung, während Hummern, Krebse und Austern sogar in der Residenz nur sporadisch und äußerst selten angetroffen werden. Dieselbe rote Wurst isst hier der Bauer, der Arbeiter, der Professor und der Minister, und auf der Hofjagd zieht gewöhnlich der Forstschutzwächter nichts anderes aus seiner Tasche, wie neben ihm der Forstmeister, der höchste Staatsbeamte, vielleicht auch ein Prinz. Dies ist einer jener Züge, die eine Folge des mehr demokratischen Grundwesens in Süddeutschland sind, im Gegensatz zu dem durch Vermischung mit dem Slawentum entstandenen, mehr aristokratischen Charakter Norddeutschlands, eine Erscheinung, die ja vorzugsweise, wie bekannt, auch darin sichtbar ist, dass die Bierkneipen in Süddeutschland fast nie nach Ständen oder Vermögensklassen sich sondern. Man denke an das bekannteste Beispiel des Münchener Hofbräuhauses. Auch in Stuttgart gibt es ein Bierlokal, in dessen vorderem Teil Droschkenkutscher kneipen, während an den hinteren Tischen Minister und Ministerialbeamte sitzen, was in Preußen, wie jedermann weiß, ein Ding der Unmöglichkeit wäre.

[...]

Ein ferneres Symptom des bequemeren Lebens in Württemberg ist die große Quantität von Getränken, die man täglich zu sich nehmen pflegt, und die mit dem ausgedehnten Wirtshausleben in dem engsten Zusammenhang steht. Bekanntlich wird pro Kopf in Württemberg mehr getrunken als in Baiern, was dadurch zu erklären ist, dass der Baier nur ein Getränk zu sich nimmt, Bier, worin er allerdings alle andern übertrifft, der Württemberger aber drei: Wein, Bier und Most. Sicherlich nimmt der weitaus größte Teil der schwäbischen Bevölkerung jeden Tag mindestens (abgesehen vom Trinkwasser und Kaffee) zweierlei Getränke zu sich, entweder Most und Bier, oder Wein und Bier. Die Hauptzeiten für die Getränke sind Vormittag 11 Uhr (Frühschoppen), dann zu Mittag (wo in den meisten Familien schwäbischer Landwein getrunken wird), Nachmittag 4 oder 5 Uhr und abends. Doch sieht man nicht nur in München, sondern auch in Württemberg, nicht wenige Bürger schon um 8 oder 9 Uhr morgens in das Wirtshaus gehen und den ersten Schoppen Wein zu sich nehmen, zu dem sich dann bis Mittag noch mehrere gesellen.

Wenn man diese Tatsache vergleicht mit der großen Sparsamkeit und Einfachheit, die selbst in höheren preußischen Beamtenfamilien angetroffen zu werden pflegt, so wird man zunächst zugestehen müssen, dass die materiellen Verhältnisse der kleineren Leute hier ungleich günstiger sein müssen als in Norddeutschland. Andrerseits aber wird man auch seine Befürchtungen nicht unterdrücken können, dass diese Art Leben keinen günstigen Einfluss ausüben kann, weder auf die Konstitution der Menschen, die im Verhältnis zu dem vortrefflichen Klima keinen besonders großen und kräftigen Schlag repräsentieren, noch auf die Handhabung der einzelnen Geschäfte, bei denen nicht selten über Unpünktlichkeit, Nachlässigkeit, schlechte Arbeit usw. die begründetsten Klagen sich erheben. Besonders im Verruf sind daher viele Handwerker, die keine deutliche Vorstellung über die prompte Erfüllung von Versprechungen und Zusagen haben. Nicht mit Unrecht hat daher vor einigen Jahren der Tübinger Kanzler, Staatsrat v. Rümelin, in der württembergischen Kammer einen Feldzug gegen das ausgedehnte Wirtshausleben in Schwaben eröffnet und auf dessen Unzuträglichkeiten und demoralisierende Folgen warnend hingewiesen, wofür er freilich in der Presse von der Wut der beleidigten Gastwirte verfolgt worden ist. Sehr charakteristisch ist für diese Art Leben die Antwort eines Schwaben, die er einem nach den einzelnen Beamtenklassen fragenden Fremdling gab, dass es in Württemberg drei Klassen von Beamten gäbe, solche, die dreimal des Tages regelmäßig ins Wirtshaus gehen, solche, die zweimal gehen, und endlich solche, die nur einmal des Tages sich dieses Vergnügen erlauben.

Johannes Nefflen

Der Bauer im König von England

Ging einmal ein Bauer von Berg nach Stuttgart in die Residenz. Es war der Jörg Wackermann, der wohnt an der alten Straße vom Kniebis nach Freudenstadt, ganz droben auf dem Schwarzwalde.

Seine Geldgurte war voll Kronentaler, sie wollte fast bersten, wo sie sich krümmte über die Achsel. Des war er frohen Muts, und dachte bei sich selbst: diesmal will ich mir gütlich tun in der Residenz, kommt vielleicht so bald nicht wieder herunter ins Neckartal. Wie willst's anfangen, dass dir's heute noch recht wohl wird? Mit dieser ernsten Sorge kommt er einem Steinschläger nahe, dem sieht er gleich an, dass er auch wissen müsse, wo man in Stuttgart etwas Gutes haben könne und wohlfeil; er sieht ihm so aus, dass er selber so etwas brauchen könnte, und spricht ihn an: guter Freund, sagt mir doch ein Wirtshaus, wo man gut essen und trinken kann, und nicht zu viel bezahlt! Der Steinschläger meint, er habe einen dummen Bauern vor sich, und nur etwas missvergünstig wegen der schönen Geldgurte wie er schon lange keine mehr getragen und sagte: da weiß ich schon Bescheid, geh nur in den König von Engelland, das ist s'beste Wirtshaus in Stuttgart, da kommt Hoch und Nieders hin; geht nur auf der Straße fort, und wenn Ihr eine Reihe Kutschen sehet mit Rösslein so dürr wie ein Hutmacherstand, dann wendet Euch rechts, und geht fort, grad aus, fast bis an die Kirche hin, und da wird rechts das alte Schloss und links der König von Engelland sein, ein großes Haus, es hat mehr Fenster als ich Sechser im Beutel; und da lasst's Euch schmecken, es wird Euch nicht reuen, Ihr werdet an mich denken. Jörg dankte für den guten Rat und ging seines Wegs. Er fand alles wie ihm der Steinschläger gesagt hatte; und so kam er in den König von Engelland, und gleich unten rechts in die große Stube. Da war niemand als ein großer, langer Tisch mit vielen Tellern, als drei aufeinander und mit schönem Besteck. Das freute ihn, und er dachte, da wird man bald zum Tisch beten. Jörg ging um den Tisch herum und guckt in die Spiegel, und wie er unten am Tisch steht, sieht er wieder in Spiegel, und denkt, da bleibst du sitzen, da siehst alle am Tisch, und bist unten, wo dich niemand vertreiben kann. Hut und Stock hängt er an einen Nagel, und die Geldgurte legt er unter den Sessel, wo er hinsitzt. Da ist's ihm nun wohl, er freut sich, dass er jetzt ausruhen und sich gütlich tun könne.

Aber es kommt ein Kellner herein und sagt: Lieber Freund, Er ist nicht auf dem rechten Zimmer. Warum? fragt Jörg, ich will zu Mittag essen, und da ist ja schon gedeckt, bin ich nicht im Wirtshaus? Der Kellner lacht und sagt: Oh ja, guter Freund, Ihr seid im Wirtshaus, aber da ist table d'hôte, da speisen lauter vornehme Herren, Grafen und Edelleute, Regierungsräte und Repräsentanten, da könnt Ihr nicht mitessen, es ist Euch zu teuer. Was kostet's denn? wenn ich fragen darf, sagt Jörg. Viel, meint der Kellner, mehr als Er wird zahlen wollen, trockener Tisch 48 kr. Das ist mir nicht zu viel, koz Hagelkrieg, flucht Jörg. – Aber trockenen Tisch! Ha, es wird doch auch zu trinken geben! Kellner: Warum das nicht? Doch, das geht besonder, und die Herren trinken teuren Wein, die Bouteille kostet oft drei, vier, fünf Gulden. Der muss gut sein, meint Jörg, so hab' ich mir schon lange Wein gewünscht; jetzt bleib ich erst da; nebstdem bin ich gern, wo große Herren sind und viel, sie kommen doch nicht zu mir. Der Kellner schüttelt den Kopf, geht fort und sagt seinem Herrn, dem Wirt, die Verlegenheit. Der geht zu dem Bauern und bittet ihn: gehet doch hinüber in das andere Zimmer, da werdet Ihr Euresgleichen treffen. Hier kommen lauter vornehme Herren zu Tisch, und die sehen's nicht gern, wenn ein Mann vom Land wie Ihr einer seid, mitspeisen will. Tut mir den Gefallen, ich will Euch das Zimmer weisen. Ist mein Schwager, der Dieterle drüben? fragt Jörg, der muss auch hier sein. Nein, entgegnet der Wirt, aber Kutscher und Bediente der vornehmen Herren, die meistens vom Land herein sind. Jörg wird bös und schlägt mit der Faust auf den Tisch. Was? Ich ein Kutscher? Oder gar ein Bedienter? Ich bin auch ein Herr, wenn's auf das ankommt, ich hab' auch Knechte und Mägde, vielleicht mehr als die, die da essen wollen. Kurzum, wenn das ein Wirtshaus ist, so lasst mich ungeschoren, und wenn's ihm nicht gefällt, so verklag Er mich. Gebt mir einen Schoppen, und macht, dass ich etwas Warmes kriege! Darauf kommt ein Offizier herein mit einer Reitpeitsche in der Hand, macht große Augen auf den Jörg, streicht etwas unwillig an seinem Schnauzbart und ruft den Wirt beiseite, mit dem er leis etwas heftig redet, und der Wirt mit ihm wieder ebenso, von dem allem aber Jörg nichts versteht als: »der wird nicht wieder kommen.« Bald aber tritt wieder einer herein, in einem schwarzen Frack und trägt vorne ein güldenes Kreuz auf der Weste, der macht schon weniger, doch düselt er mit dem Wirt und hernach mit dem Offizier. Kommt wieder einer, ein ganz alter und magerer Herr in langem Rock, der sieht den Jörg freundlich an und setzt sich neben ihn; fragt ihn allerlei aus und will auch was vom Holzhandel verstehen. Während dem kommt einer um den andern, sehen den Bauern als Wunder an, lachen darüber und machen sich lustig. Der Kellner und sein Kamerad tragen Wein herbei, und dem Jörg den letzten. Die Herren setzen sich, die Kellner bringen die Suppe herbei in Schüsseln von weißem Porzellan; stellen sie nicht auf den Tisch, sondern auf ein ganz kleines Tischchen neben den Jörg, schöpfen daraus einen Teller um den anderen, und Jörg kriegt den letzten. Nun lässt er die Herren Herren sein und ist nur mit seiner Suppe geschäftig. Wie er den Teller sauber hat, sieht er auf und um sich, und weil der Kellner nichts merken will, langt er n'über in die Suppenschüssel und schöpft sich noch einmal heraus. Die Herren lachen und halten die Servietten vor den Mund. Aber Jörg lässt sich nicht stören und wird mit dem zweiten Teller bälder fertig als die Herren mit dem ersten, und sagt zu seinem Nachbar: das war eine gute Suppe, seit meiner Hochzeit hat mir keine so geschmeckt, wenn nur der Wein besser wäre. Aber der Nachbar, – er war von Pforzheim, wo man den Holzhandel auch kennt, ratet dem Jörg: Lasst einen bessern kommen, sehet so einen Roten wie ich einen habe, einen Affentaler! Jörg macht voll schnell leer Geschirr und klopft mit der Bouteille dem Kellner: Herr Kellner: He da! Auch so einen Schoppen Schwarzen! Ein anderer Kellner nimmt die Teller weg und wieder ein anderer bringt auf einer großen Platte von Holz ein schönes Stück Ochsenfleisch, und schneidet's neben dem Jörg in viele dünne Blätter. Dem Pforzheimer ward zuerst angeboten, und Jörg, der dem Kellner nicht so viel Mühe machen will, sagt: mit Verlaub! ich will's auch gleich nehmen, fasst mit der linken Hand die Fleischschüssel am Rand fest, und sticht mit der rechten kräftig ein, und bringt so zwei Fleischstücke auf sein Teller, etwas dicker geschnitten als Schinken. Der Pforzheimer nimmt Kukumern dazu und bietet dem Jörg auch davon an. Er nimmt, was die Gabel fasst, denkt aber, die roten Rüben da müssen doch auch gut sein, und nimmt sich davon ohne Zuspruch. Alles sieht wieder auf den Bauern, wie er so emsig darauf los arbeitet. Der schelmische Kellner will ihn obendrein zum Besten haben, und reicht ihm eingemachte Kirschen hin, die er ohne langes Besinnen auf seinen Teller umstürzt. Lautes Gelächter an der Tafel! Jörg lässt sich nicht stören, macht wacker fort bis auf den letzten Brocken, der gleich dem ersten so groß war wie ein halber Vierling vom Backsteinkäs. Den letzten aber nimmt er mit dem Löffel, um auch etwas von der Kirschensauce zu versuchen, und spricht noch mit auf- und niedergehendem Zahngeschirr wieder zu seinem Nachbar: aber, lieber Herr, das Fleisch war gut, das war von einem Ochsen, der war aus dem Hällischen, der war, meiner Seel!, nicht hier gewachsen. Er sieht behaglich die lange Tafel hinauf und merkt, dass die Herren viel miteinander sprechen, das er nicht versteht, und dass sie langsam essen, und nicht so gut beißen wie er. Einige verschnitten ihr Fleisch in kleine Würfelchen, mit denen hat Jörg Mitleid, weil es da fehlen müsse am Schlucken, oder sei die Gurgel etwas zu eng, und das sei im Schwarzwald ein großer Naturfehler. Wie glücklich bin ich, dachte er, bin gesund, es schmeckt mir alles, und alles geht gut vonstatten, was ich angreife, und in dieser Selbstzufriedenheit leert er, er merkt es nicht, seinen Schoppen Affentaler aus. Ha, der Wein ist gut, ruft er dem Kellner, noch so einen!

Mittlerweile guckt Jörg nach seiner Geldgurte unter

dem Sessel und denkt, wenn der Wein so gut ist, muss ich die Gurte bei der Hand behalten, streift sie auf dem Boden quer herüber, und stellt darauf seine beiden Füße, lehnt sich zurück, legt die Beine übereinander und schaut mit vielem Wohlgefallen die Tafel hinauf. Dabei kommt er in Versuchung, sein Glück abzumessen mit dem der Gäste. Er stellt einen Offizier neben sich hin, aber nur in Gedanken. Der langt nicht, der muss sich kleiden wie ihm befohlen ist, der muss jede Stund tun, was ihm befiehlet ein Höherer, muss aufrecht laufen, wenn ihm gleich das Schuldenkreuz die Anke vorwärts drückt. Er stellt noch einen dazu hin. Dem ist der Leib so eng geknüpft, der kann nicht genug essen, wenn er's auch zahlen könnte. Jetzt nimmt er einen geistlichen Herrn. Ach, da will's gar nicht langen, der darf nicht heiraten, der weiß nichts von Familienglück, muss sich fromm stellen, wenn es ihm nicht so ums Herz ist; wenn er sterben will, drückt ihm nicht das trauernde Weib, sondern eine erblustige Betschwester, die's Lachen nicht halten kann vor lauter Freude, dass sie einmal Lohn bekommt, und endlich aufhört das böse Gerede, – so eine drückt ihm die Augen zu. Der langt wieder nicht. Er nimmt einen Regierungsrat. – Ach, der muss in die Kanzlei hocken, des Tags sechs, acht Stunden, bei schönem und gutem Wetter, und, wenn er ohne weiteres schreibt, was er denkt, und das denen über ihm missfallen kann, setzt man ihn ab, als ob er ein Taugenichts wäre. Der ist mir nicht gleich. Und dort der Kameralverwalter. Der muss Jahr für Jahr Rechnung stellen, muss sich alle Fingers lang die Geldtruhe visitieren lassen, neben seinem Diensteid und der Kaution; spukt's aber drin, hat er im Rechnen gefehlt, hat er zu viel rausgenommen für sich, oder zu wenig hinein getan, so darf er ins Zuchthaus wandern und wird nachher nimmer Kameralverwalter. Da ist's bei mir doch anders. Wenn da ein Revisor, mein sorgliches Weib, mir nachrechnet, und es fehlt was etwa mit der Kartel, oder im Durst verloren gegangen ist, – ha, so zankt sie mit Recht, und trutzt mit mir, wenn's viel ist, eine Nachtlänge – länger nicht. Wenn wir wieder zum Nachtessen sitzen, streut sie vor meinen Augen etwas mehr Pfeffer auf die Suppe, da wo ich herausschöpfe, und das ist der Friedensschluss, damit hat's ein Ende, und ich bin wieder ihr Kameralverwalter, Buchhalter und was sie sonst von mir verlangt. Und da der Pforzheimer, dem's Einmaleins aus den Augen guckt, und der einen himmellangen Rock trägt, um seine Storchenwaden zu decken, – ja, mit dem möchte ich wieder nicht tauschen, der – Donnerwetter Scheiterhaufen! Jetzt kommt erst an dem ich Wohlgefallen habe! – Die Kellner tragen zweierlei Genüsse auf, saures Kraut und Erbsen, Schweinefleisch, geräuchertes und ungeräuchertes, und Bratwürst, dass es eine Lust ist. Der eine nimmt Teller ab, der andere bietet die Gemüse an. Jörg nimmt eine starke Ladung Kraut. Mit den Erbsen will der Kellner an ihm vorübergehen. He da, ruft er, warum vorüber? Passt recht gut zum Kraut! Nur her mit! Er überdeckt sein Kraut mit Erbsen und gabelt es untereinander, isst tapfer darauf los bis die Wurstplatte kommt, sticht eine Halbe heraus, sticht nach der zweiten, und sagt dem Kellner: bei mir laufen die Bratwürste am Doppeljoch, bin kein Freund vom Halben. Mit drei, vier Schnitt hat er seine Würste paarweise zerschnitten, dreht ein Stück ums andere im angemachten Futter herum, und schiebt eilends einwärts, als ob ein Gewitter im Anbruch wäre. Jetzt kommt der Kellner und bringt das Fleisch auf zwei Platten. Der Kellner fragt den Jörg: wollt Ihr Grünes oder Dürres? Der Jörg aber sagt: und so beides gerät, wäre es desto besser, und nimmt von jeder Platte ein Stück, an dem der Speck recht glänzt. Die Herren an der Tafel sind teils heiter, teils mürrisch über die Betriebsamkeit des Bauren. Der eine kann's Lachen nicht halten, und der andere kann vor Neid fast nicht schlucken. Das hilft aber alles nicht. Jörg tritt fest auf seine Geldgurte und führt sich emsig zu, sein Gebiss hat viel zu tun fürs Schlucken, und die Schluckwerkzeuge schaffen immer abwärts, was hinten hinum kommt. Er ist wieder der Erste, der seinem Teller auf den Grund sieht und der sauber Geschirr macht. Mit einem Bröckel Brot im Mund atmet er tief auf und sagt zum Pforzheimer: das muss man sagen, das ist ein gutes Wirtshaus, da kriegt man sein Sach' recht, es mag auch kosten, was es will, es reut mich nicht. Wenn nur meine Bäbel auch da wäre, und mein Stoffel, mein großer

Sohn. Der Pforzheimer nickt mit dem Kopf und fragt: fehlt's denen am Appetit? Sind sie nicht so gesund wie Ihr? Poz Hagelkrieg! Die nicht gesund? Jawohl, die solltet Ihr sehen, da müsstet Ihr anderst fragen! Meine Bäbel ist so groß und stark wie der schönst Feldwebel unter den Kaiserlichen, und mein Stoffel? Ja der hätt unter die Feldjäger sollen. Aber ich dachte: sonst nichts? Nein, da wird nichts daraus, und bring' dem Amtspfleger 400 fl. und damit basta! Jetzt ist er bei mir Feldjäger, auch Waldjäger, wie man's will. Bei der Fünfkreuzer-Kost in der Kaserne wär' er am ersten Tag umgepurzelt, er hätt keinen Magenschüttler braucht. Das Reiten kann er bei mir lernen ohne Wachtmeister. Ja Herr! Mir geht's gut, acht Kinder, wie die Orgelpressen; fünfzig Morgen Feld, einen Stall voll schönes Vieh, ein gesundes, starkes Weib, 200 Morgen Wald. Ja, mein Vater hat oft gesagt: Du hast's einmal gut, Dir wächst alles im Schlaf. Und s'ist auch wahr, mein Vater hat's ja gesagt, und das war ein gescheiter, guter Mann, wenn er noch einmal herausgucken könnte, würde er sagen: hab' ich's nicht gesagt? Herrentgegen – nun ja, der Letzt hat noch nicht g'schossen. Was bringen denn die Kellner schon wieder? Poz Stern! den Braten, und was ist denn das? Das ist ja eine junge Sau mit Haut und Haar, eine Milchsau! Wird doch alles haussen sein, was man nicht isst! Der Kellner stellt das Spanferkel ganz in die Nähe des Bauren, unten hin, das Schwänzlein aufgerollt, und was drunter ist, guckt die Tafel hinauf;

und das Rüsselein weit aufgesperrt, beißt auf ein Borsdorferäpfelchen, und so sieht das Spanferkelein unsern Jörg freundlich an. Donnerwetter, Scheiterhaufen! sagt Jörg, voll Freude, zum Pforzheimer, das Ding wird doch an keinem Apfel verstickt sein? Mit den Sauen muss man vorsichtig umgehen, mir ist auch einmal so ein Streich passiert. Hab' einmal Wein abgelassen, und wollt dem Küfer die Weinhefe geben, das Imi um zwölf Kreuzer. Der schüttelt aber den Kopf und sagt: so könne er's nicht brauchen, und der Galgenstrick ratet mir, ich soll die Hefe meinen Sauen geben. Ich dachte, der muss's wissen, wie man die Hefe sonst brauchen kann und gab's meinen Sauen, sechs auf einmal. Nach ein paar Stunden rasten die Sauen im Stall wie der Teufel, sie waren wie verhext, meine Bäbel wusste sich nicht zu helfen, sie sprach Gebetlein her, es half alles nichts. Endlich sagt sie: Teufel muss in die Sauen gefahren sein wie im Evangelium. S'ist doch besser als wenn er sonst wohin gefahren wäre. Schick nur nach dem Metzger. Der soll den Teufel raus lassen! Das Rasen und Toben wurde aber eben immer ärger. Ich mach' die Stalltüren auf und dachte: der Teufel hat euch schon, er soll euch haben und mit euch hingehen, wo er will. Jetzt Herr! Jetzt hättet Ihr das Springen sehen sollen, das Hin- und Herschießen in meinem Hof. Die eine stürzte in meine Kalkgrube und lag hin wie verreckt; eine andere wollte an einer Leiter hinauf krebslen, fällt herab und liegt maustot da, wieder eine andere springt die Bühnenstiege hinauf, stoßt ein Loch zum Dach hinaus und stürzt herab, und springt wieder davon, als ob's nur so ein Hopsasa wäre; zwei andere heben mir die kleine Hoftüre aus und springen davon, und die sechste springt in die Scheuer, nimmt den Strohstuhl auf den Buckel und rast mit im Hof herum, sie hat sich zwischen die hintern Stuhlfüße eingeklemmt. Wusste mir nicht zu helfen, ließ alles liegen und stehen, ging in meine Stube und jammerte mit meinem Weib bis der Metzger kam. Der nimmt nun zuerst die in der Kalkgrube und sticht sie. Aber da war kein Blut. Er schneidet sie schnell auf, auch den Magen. Auf einmal sagt er: da ist der Speck, die Sau hat ja Weinhefe g'kriegt. Es ist nichts als ein Rausch. Jetzt springen wir tapfer fort und suchen die andern, die hinausgesprungen sind, und treiben sie in den Hof, und da sind sie euch zusammengelegen in ihrem Saurausch wie die Kirchweihgäste auf's Sonnenwirts Miste, wenn sie spät heimgehen und drüber stolpern. Und die Weinhefe war von meinem Achtzehner Schalksteiner. Das war euch eine Saukomödie wie noch keine in der Residenz. Doch der Schaden war nicht groß. Was hin war, aßen wir selber nach Herzenslust. An der Schalksteiner Weinhefe krepiert! – Ach was! Und das Spanferkel da! – Hm, hm! Jörg reibt seine Hände voll Lust über das Spanferkel und sieht es liebreich an. Mittlerweile geht aber ein Gedüsel an der Tafel herum, und der große Offizier sagt laut zu dem Wirt: Lassen Sie nur das Spanferkel gehen! Es wäre schade dafür, wir haben an dem Braten schon satt. Jörg aber sagt laut zu seinem Pforzheimer; ich mein' nicht so. Es wär schad, wenn man's nicht aufschneidet, das ist ja noch s'Beste! Er guckt mit vieler Lust dem Spanferkel ins Gesicht! Gelt, Dir ist's eins, heut oder morgen? Jetzt steht der Offizier auf und wirft grimmige Blicke auf den Bauren, stützt beide Hände auf seine Lenden und spricht in kreischendem Tone: Hör', Bauer! Du kannst wahrlich satt sein. Du hast ja mehr gefressen als zehn von uns. Wenn Dir das nicht genug ist, so geh' Du ein andermal hinüber zu deinesgleichen, zu den Kutschern, und bleib Du fern von unserer Gesellschaft. Wir können's Dir nicht verbieten, auch noch das Spanferkel zu verschlingen, aber im Namen und zur Ehre unserer Gesellschaft rate ich Dir, das Spanferkel nicht anzurühren. Ich sage Dir, wie Du es dem Spanferkel machst, siehst dort meinen Säbel? – siehst dort den Degen? gerade so und kein Haar anders, gerade so machen wir's Dir. Hast mich verstanden? Jörg sagt: man darf mir nicht mit dem Holzschlegel winken. Wir sind, so viel ich weiß, auch nicht in der Mühle, wo man's einem zweimal sagt. Herr Kellner! Noch einen Schoppen von dem Schwarzen da! Zieht die Platte mit dem Spanferkel her zu sich, dreht sie hinüber und herüber, nimmt mit der linken Hand das Schwänzlein, und steckt den rechten Zeigefinger nächst darunter, und da hinein, wo man dem Fürsten und dem Bettler, dem Armen und dem Reichen die Klistierspritze hineinschiebt, wenn nicht heraus will, was heraus soll; zieht den Finger wieder heraus, fährt damit durch das Maul – Ah, das ist gut, meine Herrn: das ist gut, und macht's noch ein paarmal so. Mittlerweile aber gehen die Herrn, die dem Bauren nicht dieselbe Ehre antun wollen, eilends hinaus, als ob der Blitz ins Haus geschlagen hätte, und Jörg schneidet das Säulein selbst auf, isst davon mit dem Pforzheimer nach Herzenslust. Die Kellner haben nachher erzählt, sie hätten auch noch etwas mitessen müssen, und Jörg habe eine Bouteille Affentaler um die andere kommen lassen, und beim Abschied gesagt: zu denen Neidhammeln komme ich nimmer. Aber bezahlt sind sie.

Der Mensch lebt nicht vom Brot allein

Johann Peter Hebel

Kulinaria aus dem Schatz-Kästlein des rheinischen Hausfreundes

Das wohlfeile Mittagessen

Es ist ein altes Sprichwort: Wer andern eine Grube gräbt, fällt selber darein. – Aber der Löwenwirt in einem gewissen Städtlein war schon vorher darin. Zu diesem kam ein wohlgekleideter Gast. Kurz und trotzig verlangte er für sein Geld eine gute Fleischsuppe. Hierauf forderte er ein Stück Rindfleisch und ein Gemüse, für sein Geld. Der Wirt fragte ganz höflich: ob ihm nicht auch ein Glas Wein beliebe? O freilich ja! erwiderte der Gast, wenn ich etwas Gutes haben kann für mein Geld. Nachdem er sich alles hatte wohl schmecken lassen, zog er einen abgeschliffenen Sechser aus der Tasche und sagte: »Hier, Herr Wirt, ist mein Geld.« Der Wirt sagte: »Was soll das heißen? Seid Ihr mir nicht einen Taler schuldig?« Der Gast erwiderte: »Ich habe für keinen Taler Speise von Euch verlangt, sondern für mein Geld. Hier ist mein Geld. Mehr hab' ich nicht. Habt Ihr mir zu viel dafür gegeben, so ist's Eure Schuld.« – Dieser Einfall war eigentlich nicht weit her. Es gehörte nur Unverschämtheit dazu, und ein unbekümmertes Gemüt, wie es am Ende ablaufen werde. Aber das Beste kommt noch. »Ihr seid ein durchtriebener Schalk«, erwiderte der Wirt, »und hättet wohl etwas anderes verdient. Aber ich schenke Euch das Mittagessen und hier noch ein Vierundzwanzigkreuzerstück dazu. Nur seid stille zur Sache, und geht zu meinem Nachbar, dem Bärenwirt, und macht es ihm ebenso.« Das sagte er, weil er mit seinem Nachbar, dem Bärenwirt, aus Brotneid im Unfrieden lebte, und einer dem andern jeglichen Tort und Schimpf gerne antat und erwiderte. Aber der schlaue Gast griff lächelnd mit der einen Hand nach dem angebotenen Gelde, mit der andern vorsichtig nach der Türe, wünschte dem Wirt einen guten Abend und sagte: »Bei Eurem Nachbar, dem Herrn Bärenwirt, bin ich schon gewesen, und eben der hat mich zu Euch geschickt und kein anderer.«

So waren im Grunde beide hintergangen, und der Dritte hatte den Nutzen davon. Aber der listige Kinde hätte sich noch obendrein einen schönen Dank von beiden verdient, wenn sie eine gute Lehre daraus gezogen, und sich miteinander ausgesöhnt hätten. Denn Frieden ernährt, aber Unfrieden verzehrt.

Das Mittagessen im Hof

Man klagt häufig darüber, wie schwer und unmöglich es sei, mit manchen Menschen auszukommen. Das mag denn freilich auch wahr sein. Indessen sind viele von solchen Menschen nicht schlimm, sondern nur wunderlich, und wenn man sie nur immer recht kenne, inwendig und auswendig, und recht mit ihnen umzugehen wüsste, nie zu eigensinnig und nie zu nachgebend, so wäre mancher wohl und leicht zur Besinnung zu bringen. Das ist doch einem Bedienten mit seinem Herrn gelungen. Dem konnte er manchmal gar nichts recht machen, und musste vieles entgelten, woran er unschuldig war, wie es oft geht. So kam einmal der Herr sehr verdrießlich nach Hause und setzte sich zum Mittagessen. Da war die Suppe zu heiß oder zu kalt, oder keines von beiden; aber genug, der Herr war verdrießlich. Er fasste daher die Schüssel mit dem, was darinnen war, und warf sie durch das offene Fenster in den Hof hinab. Was tat der Diener? Kurz besonnen warf er das Fleisch, welches er eben auf den Tisch stellen wollte, mir nichts, dir nichts der Suppe nach, auch in den Hof hinab, dann das Brot, dann den Wein, und endlich das Tischtuch mit allem, was noch darauf war, auch in den Hof hinab. »Verwegener, was soll das sein?« fragte der Herr und fuhr mit drohendem Zorn von dem Sessel auf. Aber der Bediente erwiderte kalt und ruhig: »Verzeihen Sie mir, wenn ich Ihre Meinung nicht erraten habe. Ich glaubte nicht anders, als Sie wollten heute in dem Hofe speisen. Die Luft ist so heiter, der Himmel so blau, und sehen Sie nur, wie lieblich der Apfelbaum blüht, und wie fröhlich die Bienen ihren Mittag halten!« – Diesmal die

Suppe hinab geworfen, und nimmer! Der Herr erkannte seinen Fehler, heiterte sich im Anblick des schönen Frühlingshimmels auf, lächelte heimlich über den schnellen Einfall seines Aufwärters und dankte ihm im Herzen für die gute Lehre.

Teures Späßlein

Man muss mit Wirten keinen Spaß und Mutwillen treiben, sonst kommt man unversehens an den Unrechten. Einer in Basel will ein Glas Bier trinken, das Bier war sauer, zog ihm den Mund zusammen, dass ihm die Ohren bis auf die Backen hervor kamen. Um es auf eine witzige Art an den Tag zu legen und den Wirt vor den Gästen lächerlich zu machen, sagte er nicht, »das Bier ist sauer«, sondern »Frau Wirtin«, sagt er, »könnt' ich nicht ein wenig Salat und Öl zu meinem Bier haben?« Die Wirtin sagte: »In Basel kann man für Geld alles haben«, strickte aber noch ein wenig fort, als wenn sie's wenig achtete, denn sie war eben am Zwickel. Nach einigen Minuten, als unterdessen die Gäste miteinander diskutierten, und einer sagte: »Habt Ihr gestern das Kamel auch gesehen und den Affen?« Ein anderer sagte: »Es ist kein Kamel, es ist ein Trampeltier«, sagte die Wirtin: »Mit Erlaubnis«, und deckte eine schneeweiße Serviette vom feinsten Gebilde auf den Tisch. Jeder glaubte, der andere habe ein Bratwürstlein bestellt, oder etwas, und »es ist doch kein Kamel«, sagte ein Dritter, »denn es ist weiß, die Trampeltiere sind braun.« Unterdessen kam die Wirtin wieder mit einem Teller voll zarter Kukümerlein aus dem markgrävischen Garten, aus dem Treibhaus, fein geschnitten, wie Postpapier, und mit dem kostbarsten genuesischen Baumöl angemacht, und sagte zu dem Gast mit spöttischem Lächeln: »Ist's gefällig?« Also lachten die andern nicht mehr den Wirt aus, sondern den Gast, und wer wohl oder übel seinen Spaß mit zehn Batzen fünf Rappen Basler Währung bezahlen musste, war er.

Jacob Picard

Die Brautschau

Sie gehörten zu den Betuchtesten im Dorf, und das war gut für den Isi; denn wie hätte er sonst seiner Unersättlichkeit, seiner hemmungslosen Fresssucht, um es ganz klar zu sagen, Genüge tun können. Da stand ihr Haus groß und hochgiebelig am Rande des Dorfes, wo die Straße ansteigt und ins Nachbardorf läuft, es stand fast allein mit Stall und Scheune zwischen den Obstgärten und Feldern, die dazu gehörten, und man sah es von weitem, dass seine Bewohner ein behäbiges Leben führen konnten, so schön war es imstand. Die Leisers saßen seit so lange unter den Bauern hier mit den anderen jüdischen Menschen, dass niemand mehr wusste, wann sie gekommen waren, sie gehörten ins Dorf, so wie es war in seiner Mischung von Bewohnern seit je in friedlicher Gemeinschaft.

Um wieder auf den Isi zu kommen, so gab es, obwohl er noch gar nicht alt war, kaum Mitte der Zwanzig, in der Gemeinde doch schon ein Wort, das ihn genau umschrieb, ja ihn zum wesentlichen Bestandteil machte und ihm jene Stellung anwies, wie sie jeder der älteren Leute auf dem Dorfe bis an sein Lebensende und darüber hinaus zu haben pflegt, der eine wegen der besonderen Eigenschaft, der andere wegen jener. Man sagte, wenn einer einmal viel aß, und jeder verstand es: »Er frisst wie Leisers Isi«, und die Juden nannten ihn kurzweg den Achelpeter.

Nun, man weiß Bescheid. Und das war nicht einmal missachtend und böse gemeint. Denn im Übrigen half er seinem Vater schon lange, seit er vor zehn Jahren die Schule verlassen hatte, im Viehhandel tüchtig, und man nahm ihn durchaus für voll, ganz zu schweigen davon, dass er es im Militärdienst bei den schwarzen Dragonern zum Gefreiten gebracht hatte.

Und schon, wenn man seine Gestalt sah, machte er den Eindruck, der keineswegs eine Geringschätzung zuließ, so wuchtig kam er daher, sommersprossig, groß und mit wiegenden Schritten, so wie man's eigentlich von den Seeleuten gewohnt ist; und dabei hatte er nie das Meer gesehen. Also konnte er es sich wohl leisten, sich gerade dadurch von den anderen zu unterscheiden, und man lachte nur gefällig über ihn, wenn man an seine übermäßige Essbereitschaft dachte, um derentwillen ihm alles andere nichts bedeutete. Manche Geschichte ging über ihn um; und wenn sie ihn an eine besonders tolle Sache erinnerten, dann lächelte er wohl gutmütig, ja fast selbstgefällig, etwa an das Gänsegrieben-Essen damals bei der Tante Fradel – das ganze Dorf nannte sie so –, jenes Wettessen, bei dem er allein die Grieben zweier schwerer Gänse sich einverleibt hatte, ohne dass sich ein Schade gezeigt hätte, obwohl er nicht einmal einen Kirsch hinuntergeschickt hatte, wie sie es in solchen Fällen zu tun pflegten. Oder er sagte höchstens: »Ihr lebt ja auch nicht von der Luft allein, ihr Chamaurim, ihr Esel.« Nun, überklug war er natürlich nicht.

Eine, wenn auch nicht die tollste, so doch folgenreichste Geschichte war für ihn aber die, die wir jetzt erzählen wollen; sie war die folgenreichste, weil sie eben nicht die Folge hatte, die sie hätte haben sollen. Er war also in der Mitte der Zwanzig mit seinen Jahren angelangt, wie wir schon erwähnt haben, und das war eben die Zeit, in der sie damals gewöhnlich schon gut daran dachten zu heiraten, und es auch konnten, weil sie ihr gutes Auskommen hatten; anders als heutzutage. Und vor allem ließen die Eltern es sich angelegen sein, nicht nur für die Töchter, sondern auch für die Söhne sich umzuschauen in den Nachbardörfern oder weiter herum nach einem Schidduch, einer Partie – und je weiter etwa eine Frau hergeholt wurde, desto vornehmer erschien sie den Leuten mit ihrem fremden Dialekt und den fremden Manieren, so misstrauisch sie im allgemeinen auch gegen das Fremde waren.

Dass zuerst nach der Mischpoche, der Familie der geplanten Braut, und nach der Mitgift gefragt wurde, wisst ihr. Keine schlechten Ehen sind daraus geworden, und dieser Brauch war nichts anderes, als er es überall unter den Bauern und Fürsten auch zu sein pflegte, und manchmal war auch die Liebe vorher schon da.

Der alte Leiser also hatte einen Geschäftsfreund, den Meier Ortlieb, der ihm dann und wann aus dem Unterland die schönen gelbbraunen Rinder zu liefern pflegte, die so gut tragen und mit denen die Bauern so zufrieden waren. Sie trafen sich allmonatlich mindestens einmal auf dem Wochenmarkt in Heiligenzell. Denn der Meier hatte einige Stunden Bahnfahrt, so weit wohnte er doch weg, während die Leisers gut zu Fuß dahin konnten, es waren nur fünf Stunden Marsch, ja, nur fünf Stunden, in jener Zeit keine Entfernung für Fußgänger; und zwei kalte, hartgekochte Eier mit trockenem Brot mussten für die Tageszeitung ausreichen, damit sie nicht Schweinernes zu essen brauchten. Gott behüte, das aber ertrug der Isi selbstverständlich mit heroischer Frömmigkeit, ja, nie war ihm auch nur der Gedanke gekommen, er könnte unterwegs im Gasthaus etwas essen; abgesehen davon, dass das eine unnötige Verschwendung bedeutet hätte, sparsam wie sie alle waren.

Eines Tages nun meinte der Meier Ortlieb zu Naphtali, seinem Geschäftsfreund, dem Vater unseres Isi, es sei wohl an der Zeit, sich für den Isi nach einer Kalle umzuschauen, nein, um es kurz und klar zu sagen: er habe es schon getan und wisse einen schönen Schidduch, wie sie ihn besser nicht finden könnten weit und breit; wie geschaffen sei das Mädchen und die Mischpoche vor allem für ihn und seinen Sohn. Es sei die Tochter vom Baruch Wolf in Mühlingen, allererste Familie, der Großvater sei lange Jahre Parnes in der

Kehilla gewesen. Und die Mitgift! Prima, prima! Blond sei das Kind sogar und im Alter gerade recht.

Naphtali bewegte den Kopf hin und her, von einer Schulter zur anderen. Und obwohl er sich geschmeichelt fühlte durch die besondere Auswahl, die der Meier für seinen Sohn nötig gehalten hatte, und obwohl er selbst sich schon viele Gedanken gemacht hatte über die Zukunft seines Sohnes, auch halbe Nächte schon mit seiner Frau Hindele über die Notwendigkeit, zugleich auch über die Schwierigkeit – man weiß warum – gesprochen hatte, für den Isi, auf den sie doch so stolz waren, die Frau zu finden, so sagte er: »Sorgen hast du für andere Leut! Dir pressiert's scheint's mehr als mir.« Und nach einigem Schweigen, so, als sei er gleichgültig; »'s wird wieder ein schönes Geschäft sein, das du da bringst. Mit dir muss man vorsichtig sein.«

Doch kamen sie ins Gespräch darüber, der Meier ließ nicht locker. Freilich, den alten Leiser machte es schon bedenklich, dass das Mädchen so weit her war, aus der Gegend, wo sie sonst schon ins Elsass hinein heirateten. Von ihrem Ort heiratete man nach Randegg, nach Worblingen oder schließlich noch nach Gailingen, und wenn es hoch kam, doch sehr selten, nach Thiengen. Aber Mühlingen! Wer konnte das übersehen, und außerdem war es eine große Stadt von fast dreitausend Einwohnern.

Nun, alles machte sich schließlich. Der Zufall wollte es, dass die Schwägerin vom Leib Gump aus dem Ort, der seine Frau aus Randegg hatte, nach Mühlingen geheiratet hatte, wo eben die zukünftige Braut her war; und durch diese Beziehung erhielt man genaue Auskunft. Die Väter hatten sich dann gesprochen; auf dem Markt in Heiligenzell hatte der Meier Ortlieb die beiden zusammengebracht, schließlich hatte man sich durch Briefwechsel weiter verständigt, und eines Tages war man einig, und es war so weit, dass man auf die Brautschau gehen konnte, denn immer noch hatte der Isi das Mädchen nicht gesehen, das im Übrigen Clementine hieß, ein Name, den es hierzulande nicht gab, und die Mutter Leiser hatte gleich gesagt, das komme vom Elsass und vom Französischen.

Es war im Herbst nach den hohen Feiertagen, als die Blätter schon zu fallen anfingen unter den ersten Stürmen und die Felder leer waren – gerade hatte man die letzten, die Clausen-Äpfel von den Bäumen getan, die erst Ostern weich zu werden beginnen –, und da auch im Handel sich jetzt nicht mehr viel tat, sodass man gut einige Tage weg konnte; Martini, wo gezinst wurde, war anderseits ja auch erst einige Wochen später.

An einem Freitagmorgen, sehr früh, fuhren sie los, Vater und Sohn; denn man musste doch rechtzeitig eintreffen, um nicht in den Schabbos hineinzufahren, wegen der Sünde sowohl als auch wegen des schlechten Eindrucks, den es bei den anderen gemacht hätte. Die hatten die beiden eingeladen, bei ihnen zu wohnen, obwohl selbstverständlich die Schwägerin vom Leib

Gump und ihr Mann erklärt hatten, sie ließen es sich nicht nehmen, sie zu beherbergen. Aber schließlich und nach reiflichen Erwägungen mit der Frau Hindele hatte Vater Leiser doch zugesagt, bei Wolfs, den Brauteltern zu wohnen, ihnen die Ehre anzutun, wie diese in ihrem Briefe meinten.

Bevor sie abreisten, mussten Vater und Sohn noch einmal essen, denn tagsüber gab es ja nichts Warmes mehr auf der Reise, obwohl Hindele natürlich drei schöne Gänsedichte, eingewickelt in braunes Packpapier, mehrere mit Gänsefett bestrichene Brote und für jeden vier hartgekochte Eier in die Handtasche versenkt hatte, ungeachtet die Flasche herben Rotweins. Die heißgesottenen Knoblauchwürste, die sonst für Freitagabend, für Schabbos-Anfang, bestimmt waren, setzte die Mutter eben jetzt in der Frühe schon vor, wenn auch die Männer erst eine Stunde vorher, morgens um fünf Uhr, schon Kaffee getrunken hatten mit trockenem Brot und zwei Eiern, Kaffee mit frischgemolkener Milch …

Nun, während der Vater zwei Würste aß, erledigte Isi seine vier mit dem feinen prickelnden Meerrettich und den in Gänsefett gebratenen Kartoffeln. Die Mutter, wie sie ihn so sitzen und in gewohnter Weise essen sah, flehte den Sohn noch einmal, wie all die Tage zuvor schon an: »Tu mir den Gefallen, tu's mir zulieb, Isi« – sie betonte das mir sehr – »und nimm dich in Acht! Die paar Tag' wirst es schon aushalten. Ess nit so viel, nimm von jedem Gang nur einmal, benimm dich anständig. Das sind bekowede Leut' wie wir, die das nit gwohnt sin! Was werde die sonst von deiner Erziehung denke!«

»Sei ruhig, Mame, ich weiß, was sich gehört und was ich zu tun hab'. Wie oft hast mir's jetzt schon gesagt. Schließlich bin ich doch kein Kind mehr«, erwiderte der Sohn. – Nein, ein Kind war er nicht mehr.

»Nun, nun, ich kenn' dich doch. Man wird noch etwas sagen dürfen.«

Der Vater schwieg dazu. Aber als Isi schon auf der noch dunklen Straße stand mit der schwarzen, flachen, unten weiten Handtasche, hielt Hindele ihren Mann unter der Tür noch einmal an und sagte besorgt: »Lass es dir von ihm noch mal in die Hand versprechen, dass er sich in Acht nimmt, sag's ihm, bevor ihr aus dem Zug steigt.«

»Schon gut, schon gut«, erwiderte er bereits auf der Treppe.

Eine Stunde hatten sie zu gehen bis zur Bahnstation. Kurz nachdem sie das Dorf verlassen hatten, gesellte sich zu ihnen der Bürgermeister des Dorfes, Kaspar Löhle, der in die Stadt aufs Amt musste, zur Bezirksratssitzung. Er war ein Jugendkamerad von Naphtali und wusste wie das ganze Dorf natürlich, worum es ging. So sagte er nach einer Weile, nachdem man sich eine Zeit lang über den Drusch des diesjährigen Kornes und über das Kalben der Kuh unterhalten hatte, die

Naphtali ihm im Frühling hatte verschaffen können, unvermittelt: »Guet koche mueß das Meidli chönne, wo dem Isi sini Frau were will, gel!« und lachte, indem er dem Jungen mit der flachen Hand auf die Schulter schlug.

Naphtali antwortete: »Das ka sie au; kaasch sicher sii, dass mer danoch g'frogt hond!«

Und als sie sich verabschiedeten, rief ihnen der Kaspar noch von weitem nach: »Viel Masel!«, glückwünschte er ihnen so.

Kurz vor der Ankunft in Mühlingen – der Tag war ihnen, die sonst immer im Freien unterm Himmel zu sein pflegten, sehr lang erschienen, und solch weite Reise hatte der Isi überhaupt noch nie gemacht, nicht einmal im Manöver – kurz vor Mühlingen also erinnerte sich Naphtali des Rates seiner Frau Hindele und sagte zum Sohn: »Also, nimm dich in Acht, denk dran, was die Mame dir gesagt hat! Gib mir die Hand und versprich mir, dass du nit mehr als einmal von jedem Gang nimmsch und nur, wenn sie dich auffordern.«

Isi zauderte, machte ein unwilliges Gesicht und schaute aus dem Fenster. »Wird's bald?« mahnte der Vater. Da gab ihm der Sohn die Hand und zog sie sogleich wieder zurück. »Wenn's dich beruhigt«, meinte er dazu. Ja, nun war der Vater ganz beruhigt.

Sie wurden an dem kleinen Bahnhof, der ein wenig abgelegen vom Städtchen lag, von Baruch Wolf erwartet. Er hatte schon seine Schabbeskleider an, den langen schwarzen Rock und den steifen Hut dazu, und ging, die Hände auf dem Rücken, unruhig hin und her. Seine Unruhe hatte zwei Gründe: der eine war natürlich in der Befangenheit aus der ungewohnten, einmaligen Stellung als Brautvater, und der andere war der, dass man in kaum einer Stunde schon für den Vorabend-Gottesdienst zur Synagoge ging; und was musste nicht vorher noch erledigt werden.

Aber es verlief alles programmmäßig und gut, man hatte doch seine Lebensart, da passten die beiden zusammen, die Familien, das sahen sie gleich; und vor allem gefiel der junge Mann dem Baruch ordentlich. Heute sprach man ohnedies nicht vom Anlass des Besuches, auch morgen am Samstag wollte er darüber schweigen; das sollte am Sonntagmorgen erledigt werden, wie es sich gehörte und wenn man sich ein wenig näher kannte. Es war ein Aufschub, der über die erste Befangenheit wegen der doch immerhin heiklen Sache hinweghalf.

Als sie die zwischen zwei bebauten Hügeln laufende Hauptstraße des Städtchens mit den alten Häusern hinabgingen, standen da die Leute und schauten, feierlich gekleidet auch wie sie. Es war selbstverständlich, dass Naphtali und Isi Leiser schon auf der Reise die Festtagskleider getragen hatten. Und auch hier wusste man, was ihr Besuch zu bedeuten hatte, und begann Vater und Sohn abzuschätzen.

Daheim hatten sie eben Zeit, sich vorzustellen und

sich zu begrüßen. Die Tochter, die Clementine, stand bescheiden abseits; mit ihren ein wenig rötlichen Haaren, die der Isi sogleich sah, wobei er daran dachte, dass der Meier Ortlieb ja blonde versprochen hatte. Nun, blond oder ein wenig rötlich, das ist beinahe gleich. – Die Lichter brannten schon auf zwei hohen silbernen Leuchtern. Ja, bekowede, feine Leute waren das, überlegte schnell Naphtali.

Die Mutter meinte noch, die Herren würden wohl Hunger haben, und es sei schade, dass man jetzt sogleich zur Schul müsse; aber nachher sei ja dann der Appetit umso besser. Isi dachte: es riecht nach Fisch. Auch gut; es war ja Freitagabend, so lange wird man's schon aushalten noch; und es fiel ihm ein, dass der Vater ihm unterwegs ja zwei von den gebratenen kalten Gänsekeulen abgelassen hatte, auch würde dieser Vorabend-Gottesdienst bald vorbei sei.

In der Synagoge schien es allen heute besonders feierlich, wie es immer war, wenn fremde Leute am Gottesdienst teilnahmen … Dann kamen sie nach Haus, man wünschte »Gut Schabbos«, die Väter segneten ihre Kinder, und man setzte sich zu Tisch.

Erst gab es Nudelsuppe. Was sollte es anderes geben als Nudelsuppe am Freitagabend! Feine fadenartige Nüdelchen mit den grünen frischen Kräutern gewürzt. Gut duftete sie. Behaglich schlürfte der Isi. Nun, damals schlürfte man noch, schön laut, wenn man zeigen wollte, dass es gut schmeckte. Aber er nahm nur einmal, wenngleich Frau Wolf den bis obenhin gefüllten silbernen Schopflöffel ein zweites Mal in seinen Teller schütten wollte. Nein, danke. Obwohl er daheim doch mindestens zweimal genommen hätte, schon um des Geschmacks willen, so war das immerhin leicht zu überwinden, Suppe.

Dann Fisch, selbstverständlich auch Fisch. Was war das für eine Art? Die hatte er noch nie gegessen, mit dem breiten Kopf und dem Schnurbart am Maul, und noch nie gesehen. Aha, Karpfen, wie der Vater sachverständig meinte; mit brauner Soße und Rosinen. Daheim gab es zarten, fast grätenlosen Felchen, blau aus dem See, oder Hecht, den manchmal sogar mit schöner gelber Mayonnaise, die die Mame am besten zu bereiten verstand im Dorf. Der hier aber war voll kleiner Gräten, man konnte sich nicht genug in Acht nehmen, ein Vergnügen war es nicht, wenn auch die dicke Soße vorzüglich schmeckte. Nein, auch hiervon ließ er sich nur einmal vorlegen, und es war nicht allzu schwer, zu entsagen.

Darauf aber gab es Suppenfleisch, schön saftiges Ochsenfleisch, wie daheim, mit zerriebenem Meerrettich, roten Rüben und jungen kleinen Kartöffelchen. Das schmeckte.

Man unterhielt sich, suchte gemeinsame Bekannte zu entdecken, indem man mit den Verwandten vom Leib Gump im Heimatdorf, die die Auskünfte erteilt hatten, begann. Die wollten nach Tisch überdies ein wenig »herüber« kommen. Clementine und Isi schwiegen meist, wie es sich geziemte.

Ja, beim Ochsenfleisch hätte es beinahe ein Unglück gegeben. Isis Hunger war zu groß nach der langen anstrengenden Fahrt heute, das darf nicht vergessen werden. Frau Wolf hatte ihm ein zweites Mal angeboten, und schon war er im Begriff gewesen, den Teller hinzuschieben für das schöne längliche Bugrippenstück, als ihm sein Vater, der neben ihm saß, einen schwachen, nach außen scheinbar zufälligen Stoß mit dem Ellbogen gab; da zog er den Teller zurück und sagte mit schwacher Stimme: »Nein, danke! Wirklich nicht!«

Frau Wolf aber meinte darauf: »Aber hören Sie, wie kann ein junger Mann wie Sie so wenig essen, das versteh' ich nicht. Man könnte glauben, es schmeckt Ihnen nicht!«

Da aber griff der Vater Naphtali Leiser zur rechten Zeit ein und sagte; »Ja, Sie haben recht, Frau Wolf: Das ist auch daheim immer die Schwierigkeit mit dem Jung. Seine Mama weiß sich manchmal nit zu helfe vor Sorg; so wenig isst er. Alles Zureden hilft nichts.«

Freilich, dabei beugte Naphtali sich etwas über den Tisch und schaute schief in seinen Teller.

Und so überstand der Isi auch diese Gefahr.

Doch als es dann an die Nachspeise, den Schalet, ging, hatte der Vater ein Einsehen, Nudelschalet mit besonderen Zutaten, die sie nicht alle kannten – es müsse ein elsässisches Rezept sein, dachte der Alte – ganz weich nur gebacken war es mit vielen Mandeln und Früchten, und schön fett; er sagte, als Isi seinen Teller leer hatte, und von sich schob, auf eine Frage von Frau Wolf: »Jetzt hab' ich selbst aber genug! Nimm dir noch mal.«

Da griff der Isi zu und schaute den Vater dankbaren Blickes an.

Aber gesättigt war er natürlich auch davon nicht, das wird man verstehen, nach allem …

Der Abend verlief jedoch dann behaglich und gut. Der Schwager vom Leib Gump und seine Frau kamen; sie sprachen von der Gegend daheim und die Männer natürlich vom Geschäft und den Läuften hier und dort, und wie schwer die Zeit sei.

Die jungen Leute saßen dabei und nebeneinander. Ziemlich schweigsam waren sie; worüber hätten sie sich auch unterhalten sollen, da es noch kein Kino und kein Tennis, noch keine Reisen und noch kaum Bücher gab, die man gelesen haben musste; wenigstens der Isi wusste nichts davon. – Auch die anderen taten so, als ob sie nicht wüssten, worum es gehe. Nur einmal sprach der Nachbar den Isi an, kniff ein Auge und sagte: »Na, wie ist es?«

Das war ein wenig plump und taktlos. Und als der befangen lächelte, ohne zu antworten, fügte der andere auch noch hinzu: »Kochen kann's wie keine hier. Was, Clementine!« …

Am nächsten Morgen konnte Isi zum Kaffee wenigstens zwei große Stücke vom Gugelhupf erlangen, der gerade so gut war wie der der Mame daheim, so schien es ihm, Mandeln oben drauf und innen viel Rosinen.

Dann ging es in die Synagoge zum Morgengottesdienst, Als man nach zwei Stunden zurückgekehrt war und er ins Haus eintrat, roch dem Isi die gesetzte Supp', Bohnensuppe, um es genau zu sagen, und das Höchste, was es für ihn darin gab, in die Nase. Und jetzt spürte er erst, dass er Hunger habe, dass er sich seit gestern nicht mehr recht hatte satt essen können. Und viele andere Gerüche lockten aus dem großen, schon winterlich geheizten hellgrünen Kachelofen, der ein Gutteil des Wohnzimmers einnahm. Könnte man nur schnell auf kurze Zeit entwischen, um sich ordentlich etwas zum Essen zu kaufen, um die Zeit bis Mittag zu überstehen, Aber da fiel ihm ein, dass ja Schabbos war. Wie hätte er da kaufen dürfen, kein Gedanke daran, selbst wenn er gewusst hätte, wo das Nötige zu haben war. Es musste also überstanden werden.

Die beiden Väter hatten auf dem Heimweg beredt, dass die jungen Leute nun doch ein wenig miteinander allein gelassen werden sollten, die Mutter sollte das anordnen. Nun, sie erledigte es sachverständig und taktvoll. »Clementine«, sagte sie, »zeig dem Herrn Leiser mal die Gegend, geh mit ihm ein wenig auf den Waldbuck, zeig ihm, wie schön's hier ist.«

Wir könnten diesen Spaziergang übergehen, er ist nicht sehr wichtig für den Ausgang der Geschichte. Nur so viel sei gesagt, dass dem Isi bange wurde, weil Clementine dauernd von ihren Erlebnissen in dem französischen Pensionat und ihren französischen – man denke: französischen – Freundinnen erzählte und manchmal sogar eines solch fremden Wortes sich bediente; es war ihm unbehaglich zumut, abgesehen davon, dass er heftig an seinen Hunger denken musste.

Aber schließlich war Mittagszeit, endlich, und als sie nach Hause kamen, warteten die anderen schon auf sie, um sich zu Tisch setzen zu können.

Der alte Leiser hatte sich schon gedacht: nun ist alles bald überstanden, hatte seinen Sohn sehr heiter begrüßt, denn zuvor hatten die Eltern des Mädchens sich freundlich über ihn geäußert.

Es gab also zuerst die gesetzte Bohnensuppe. Davon sollten alle nur einmal nehmen, das hatte Frau Wolf selbst gemeint, weil die so sehr sättige, dass sie nachher keinen rechten Appetit auf das haben würden, was die Hauptsache sei ... Dann kam zartes Kalbsragout, fein mit Nelken gewürzt, und dazu Blumenkohl. Wenn das die Hauptsache ist, dachte Isi, davon, von diesem leichten Zeug, wird man nicht einmal satt, wenn man nehmen darf, soviel man will. Er war unwillig und ungeduldig geworden und sagte sich: jetzt ess ich erst recht nichts davon, auch wenn sie mich noch so sehr auffordern.

Übrigens wurde vergessen zu bemerken, dass sie dazu einen, wie ihm schien, etwas zu süßen Weißwein tranken; auf der Flasche war ein Etiquette mit einem fremdsprachigen Namen, und Herr Wolf hatte ausdrücklich darauf hingewiesen, als auf etwas Besonderes.

Dann gab es nun wirklich die Hauptsache, und damit kam es, wie es eben kommen musste nach allem, was wir wissen: Gefüllter Gänsebraten. Es war eine riesige Gans, mattbraun, und vornehm mit weißen Manschetten am Ende der abstehenden Keulen. Und was für Keulen waren das, Isi schätzte sogleich ab; und das Tier war nicht geschunden, hatte noch die dicke, fette Haut. Und dieses war es nicht allein; daneben stand eine Schüssel köstlichen Kastanienpürees, das hatten sie daheim, wenn er sich recht erinnerte, erst ein einziges Mal gehabt, zur silbernen Hochzeit der Eltern.

Die Gans wurde auf dem Tisch zerteilt; Herr Wolf musste helfen. Seine Frau legte dem Isi, nachdem dessen Vater sich sein Teil genommen hatte, da sie nun Bescheid zu wissen glaubte über seinen Bedarf, ein Stück vor, ein ansehnliches, wie sie meinte: doch ihm schien es keineswegs ausreichend. Er aß. Und als er damit zu Ende war, nahm er auf die ein wenig schüchterne Frage der Hausfrau kurzerhand die eine große Keule, die noch da lag; doch das wäre noch nicht einmal so schlimm gewesen, wenn er nicht, als der Knochen zu Tage kam, ohne weiteres beide Enden in die Hände genommen hätte, breit und befriedigt und sich um nichts kümmernd, wie es schien, und begonnen hätte, die Fleischstücke abzureißen, wortlos und ganz versunken, ungeachtet der Ladungen von Püree, die er zwischenhinein mit der Gabel dazu beförderte. Er sprach nichts, so schweigsam er auch vorher schon gewesen war. Nun, einmal musste er auch damit fertig werden, dachte sein Vater, der auf seinem Stuhl schon seit einer Weile hin- und herrückte. Aber Isi war keineswegs zu Ende, als die Keule nur noch Knochen und das geringste Stückchen Fleisch beseitigt war; ohne aufgefordert worden zu sein – die Wolfs hatten sich schon ein wenig mit bedeutungsvollen Blicken angeschaut, und das hatte Naphtali Leiser wohl gesehen –, nahm der immer hungriger ein großes Bruststück von der Platte auf seinen Teller und lud noch einmal Kastanienpüree mit reichlich gelben Kartöffelchen dazu.

So stieß ihn sein Vater zunächst sachte mit dem Knie, nur um ihn zu erinnern zunächst; aber als das trotzdem so fortging, stieß er ihn heftiger und zischte ihm schließlich zu: »Hör auf! Schön hältst du dein Wort, du Esel!«

Da erwiderte der Sohn halb trotzig und halb verzweifelt und ein wenig zu laut: »Ach, lass mich esse. Ich nehm sie ja doch nit …!«

Und er aß und aß. Nun, was dann kam, werdet ihr euch denken können. –

Es ist aber nie ganz geklärt, ob der Isi das Mädchen wirklich nur deswegen nicht geheiratet hat, weil es ihm nicht gefiel, oder vielmehr nur darum, weil er eben seinem unstillbaren Hunger, seiner großen Leidenschaft, unterlag. Wir wollen und brauchen es nicht weiter zu erörtern. Jedenfalls ergab sich daraus jenes ewige Misstrauen, um nicht zu sagen, jene Feindschaft der Mühlinger gegen die in unserem Ort, die es verhinderte, dass je wieder ein Schidduch zwischen den beiden Kehillaus zustande kam, und um derentwillen es sich wohl lohnte, dass diese Geschichte erzählt worden ist.

Berthold Auerbach

Schabbes in Nordstetten

Der Sabbat ist ein Abglanz aus Eden, heißt die Lehre, und so erlebte man allwöchentlich einen Tag paradiesischen Jenseits. Das Aschenbrödel der Woche ist der Freitag, da wird nicht regelmäßig gekocht und zu Tisch gegessen, es wird gescheuert, gebacken, geschmort, das Haus wird fremd, es wird morgens nur kurz Schule gehalten, und wenn wir Kinder im Sommer nach Hause kamen, bekamen wir ein Stück frischbacken Brot oder Fladen, und dann hieß es: Ihr dürft heut' vor Abend nicht nach Haus kommen, wir brauchen Platz im Haus. Man wurde nur unordentlich angezogen, denn der ganze Tag war eben wie die rüstende Frühstunde zum Abend. Wir Knaben gingen dann in den Wald, besonders in das Laubwäldle auf dem Weg nach Mühringen, sammelten Beeren und kletterten auf die Bäume, um in die Vogelnester zu schauen. Von diesen Feiertagen stammen meine tiefsten Waldeindrücke. Wenn es nun allmählich Abend zu werden begann, zog Freude ins Dorf ein, die Gäugänger mit ihren Quersäcken kehrten heim und wurden von Frau und Kindern begrüßt, die Viehhändler kamen in Bernerwägelein angefahren, und mit Mitleid hörte man, dass der und jener über Schabbes nicht heimkommen könne. Die Heimgekehrten sahen meist fröhlich aus, mancher auch missmutig; unser Nachbar, des Lämmles Eissickle, kam einmal heim und trat rückwärts durch die Stubentüre ein: »Was ist?«, fragt die Frau, und Eissickle erwidert: »Ich kann mein Gesicht nicht sehen lassen, ich habe die ganze Woche nichts gehandelt und nichts verdient.« Die Zwicker, die den Wochenbart mit der Schere abzwickten (denn man darf ja, da die Bibel das Schneiden der Barthaare verwehrt, kein Rasiermesser gebrauchen), hatten noch viel zu tun. In jedem Hause, auch in dem ärmsten, wurde Wein geholt zum Segensspruch, und Fleisch und Fisch wurde in jedem Hause bereitet; denn Fisch, meist Weißfisch, musste man haben, weil Gott bei der Schöpfung der Menschen gesagt hatte: »Seid fruchtbar und vermehret euch wie die Fische des Meeres.« Ein weißes Linnen wurde in jedem Hause ausgebreitet und die darüber hängende siebenzinkige Lampe angezündet. Nie erschien meine Mutter andächtiger und innerlich beseligter, als wenn sie die sieben Lichter anzündete, dann die ausgebreiteten Hände hochhielt, den Segen sprach und sich demütig verbeugte. Sie hatte eine frische Haube auf und trug an einer goldenen Erbsenkette das Pastellbild meines Vaters, das er von Wien mitgebracht hatte. Er selber war bekleidet mit dem braunen Frack und hellen, seidenumsponnenen Knöpfen, dazu die gestickte seidene Weste mit langen Schößen, braune, an den Knien mit silberner Schnalle festgehaltene Samthosen, sogenannte Suwarowstiefel mit baumelnder Quaste, am vorderen Ausschnitt ein Jabot und um den Hals ein weißes und darüber ein schwarzes seidenes Tuch. Das männliche Geschlecht ging in die Synagoge, die Frauen waren nur wenig zum öffentlichen Kultus verpflichtet, die Mädchen gar nicht. Wie von aller Lebenslast befreit, wurde gebetet und gesungen, und zum Schluss, schon während man ging, das wundersame Jigdal gesungen. Wollt ihr wissen, woher auch dem ungebildetsten Juden eine gewisse innere Vertiefung und intellektuelle Gewandtheit kommt, so durchforscht ihre Gebete. Es ist wahr, was man spottweise gesagt hat: Die Juden singen Logik und beten Metaphysik. In der Form des Gebetes wird hier gelehrt. Wie weit ab liegt hier die Andacht von einer im Bilde sich darstellenden Gotterscheinung, sei diese die antike oder christliche. Freilich, nicht alle und gewiss nur eine Minderzahl derer, die das Jigdal sang, begriff dessen Inhalt, aber ein Anhauch davon fasste sie doch. Mein Bruder Maier, der nicht vergebens seinen Moses Mendelssohn studierte, gab sich viel Mühe, mir den Hymnus zu erklären, und während die anderen bereits heim und zum Essen eilten, standen wir zwei noch am Ausgang der Synagoge und sangen bis zum Schlusse. Der Hymnus lautet in getreuer Übersetzung: »Erhoben sei der lebendige Gott und gepriesen. Er ist da, und es gibt keine Zeit für sein Dasein, er ist einzig, und es gibt keine Einzigkeit gleich der seinen.« Am Ausgang der Synagoge begrüßte man einander mit »Gut Schabbes«, und waren die Oheime da, so ließ man sich mit gebücktem Kopfe durch Handauflegen von ihnen segnen. Zu Hause aber empfing man den Segen, der nach dem Spruch des Erzvaters hieß: Gott mache dich gleich Ephraim und Manasse. Nun wurde, den runden Tisch umkreisend, nochmals ein Gesang angestimmt, und nachdem Brot und Wein verteilt wurde, ging es an den Schmaus. Ich weiß nicht, ob der Freitagabend im Sommer oder Winter schöner war. Im Sommer ging man nochmals auf die Straße und wanderte durch das Dorf, wo aus allen Judenhäuschen die vielen Lichter blinkten. Die ledigen Burschen und Mädchen trieben mancherlei Scherz, und man gesellte sich auch zu den singenden Bauernburschen. Rauchen durfte kein Jude bis Samstagabend. Im Winter saß man beisammen zu Haus und plauderte und spielte um Nüsse, und in der Ofenröhre gebratene schmeckten besonders gut und gaben noch kleine Nachlesen. Auch in des Lämmles Haus, wo viele Töchter waren, und wo es lustig herging, wanderte man. Zu Bett musste man ohne Licht gehen, man durfte kein solches berühren, und die Lichter an der siebenzinkigen Lampe verloschen von selber. Das Nachtgebet war am Samstag ein anderes, und mit deutschen Worten bat man Gott um Gesundheit für Eltern, Geschwister und Verwandte. Am Samstagmorgen durfte nicht wie am Werktag zum Gottesdienst in drei kurzen und in einem langen Schlag an die Tür geklopft werden, und man durfte vor dem Frühgebet weder Speise noch Trank genießen. Eine leere Schale Kaffee gestattete uns indes die Mutter, das hatte Rabbi Jehuda gestattet. Man aß sehr früh zu Mittag, sogenanntes gesetztes Essen, das, am Freitag gekocht, im Backofen warmgehalten wurde. Denn es steht geschrieben: Ihr sollt kein Feuer anzünden am Sabbattag. Das Madlenle, die Frau des Mathes vom Berg, war unsere Schabbesmagd, die Feuer in den Ofen machte, bis wir des Maurizeles Marann als Magd ganz ins Haus nahmen. Nachmittags tummelten wir Knaben uns im Fangerlesspielen und dergleichen. Ich musste mich weit hinaus in die Verborgenheit machen, denn wenn mich mein Bruder Maier fand, musste ich mit ihm in der Bibel lesen, auch musste ich Verwandte besuchen. Beim Ausgang des Sabbat wurde unter einem Segensspruch ein Licht in ausgeschüttetem Wein verlöscht, dann wurde wieder gesungen, deutsch und hebräisch, und endlich war der Werktag wieder da. Meine Brüder konnten es kaum erwarten, bis sie wieder rauchen durften, und sputeten sich ins Wirtshaus zum Kartenspiel. Wenn es am Sabbatabend den morgigen Sonntag von der Kirche einläutete, war mir immer bang, dass jetzt wieder die nüchternen Wochentage beginnen.

Bertold Auerbach

Fasten an Jom Kippur

Es war im Herbst 1824; im Winter erreichte ich mein 14. Lebensjahr und war gesetzespflichtig; ich bat indes, mich schon jetzt zu strengem Fasten am Versöhnungstag von Abend zu Abend zuzulassen. Die Eltern taten Einsprache. Bruder Maier aber bestärkte mich in meinem freien Opfer, und ich war nicht wenig stolz, als Waffenfähiger unter den Mannen zu erscheinen. Maier aber, der ein Herzenskundiger war, sagte mir, ich solle mir ja nichts auf mein freies Opfer einbilden, denn das sei eine Sünde, und es wäre besser, ich äße mit meinen jüngeren Geschwistern.

Am Morgen wurde mir's doch schwer, nicht zu frühstücken, aber ich hielt mich tapfer, auch als mir Schwester Babi vertraute, sie habe mir heimlich Essen und Trinken unter einen Kübel in der unteren Küche gestellt, ich solle nur essen, wenn mir das Fasten zu hart ankäme, und es brauche ja niemand davon zu wissen. Ach, sie machte mir die Versuchung schwer, denn sie hatte mir Zwetschgen- und Zwiebelkuchen hingestellt. Ich stand also in der Synagoge bei Bruder Maier (ich erhielt aber noch keinen Gebetmantel, denn eines solchen wird man erst nach dem 13. Jahr teilhaftig, und die unverheirateten Männer dürfen auch noch keine weißen Sterbehemden über die Kleider tragen) und sprach die Gebete mit, aus denen ich keinen Sinn herausfinden konnte; es waren jene Piutim, die alphabetisch oder assonierend Worte zusammenstellen, offenbar nur um die Zeit auszufüllen. Mir war so bang und schwül unter den Männern in ihren Totenkleidern in der dumpfen, stickigen Luft, in der Hunderte von hausmachenen Wachskerzen brannten und knitternd schwelten. Ich verließ die Synagoge, draußen war ein heller Herbsttag, und wie von einer unsichtbaren Macht getrieben, rannte ich fort durch die Froschgasse über das Schießmauernfeld hinein in den Wald, hinab bis zur »Au«, den Wiesen am Neckar. Dort sah ich ein Mädchen im roten Rock Gras mähen, und sie sang dabei ein helles Lied. Ich stand wie verzaubert, der Gegensatz der Welt zog mir voll durch den Sinn. Plötzlich, wie einer Sünde innewerdend, kehrte ich um, und ein Schreck ohnegleichen überfiel mich, da ich innewurde, wie ich, ohne es zu wissen, Tannennadeln zerbissen hatte. Damit tötete ich mein freiwilliges Fasten. Ich kam in die Synagoge zurück. Ich erschien mir abtrünnig geworden, waren die tapferen Männer treu auf dem Posten geblieben und hatten die heiligen Flammen des Gebetes nicht verlöschen lassen. Mein Vater stand bereits vor dem Omed und betete Nihle, das heißt den Torschluss. Ich stellte mich auf seinen leeren Platz. Ich fürchtete die Frage meines Bruders Maier, wo ich denn gewesen sei. Die ergreifende Melodie des Gesanges »Öffne uns das Tor, o Gott, zur Zeit des Torschlusses« usw. durchschauerte mir das Herz, und dazwischen wollte die Melodie des rotrockigen Mädchens drunten von der Wiese mittönen. Ich kasteite mich damit, dass ich meine Hand in die Türe des Betpultes einklemmte und den Schmerz still trug, ich wäre gern niedergekniet, aber das darf man jetzt nicht, und ich betete mit Inbrunst, bis mein Vater wieder kam und mit dem Bewusstsein, eine heilige Handlung vollzogen zu haben, mir freundlich die Hand auf die Schulter legte. Es wurde Nacht, aber der Vater eilte nicht, er legte in Ruhe sein Totenhemd ab und wickelte es in einen Sack. Wir gingen heim, aber noch jetzt aß der Vater nicht, der Mond schien hell, und wir gingen nochmals auf die Straße, die Levane mekadisch zu sein (den Segen über den Mond zu sprechen). Die Bauernburschen, die singend die Straße daherkamen, brachen plötzlich ab, da sie uns im Gebete sahen, und gingen ehrerbietig grüßend vorüber. Mit ruhigem Bedacht wurde nun Speise und Trank verzehrt, und am anderen Tage sagte einer zum anderen: Gott sei Lob und Dank, dass der Jom Kippur zu Gutem wieder vorüber ist.

Jetzt waren noch drei Tage zum Laubhüttenfest. Wir Kinder gingen hinaus ins Feld und an die Hecken, sammelten Mehlbeeren und Hagebutten, die auf Zwirn an Ketten aufgereiht wurden, um die Decke der Laubhütte damit zu schmücken. Das innere Dorf sah wie ein Zeltlager aus.

Geselligkeit

Carl Theodor Griesinger

Der Wurstball

Es gibt verschiedene Bälle, so wie es auch verschiedene Tänze gibt. Gewöhnliche Bälle, Bälle mit Trompetermusik, bal paré, Maskenbälle, Kirchweihbälle, Hochzeitsbälle, Königl. Geburtstagsbälle und sogar Kinderbälle. Diese letztern sind ungefähr dasselbe, was im Ballett die Kinderballette, und bekanntlich bleiben viele Ballette stets auf der Stufe der Kindheit stehen. Von einem Wurstball aber hört man nirgends etwas als im Schwabenlande.

Auf allen Bällen wird gegessen und getrunken, die Hauptsache aber ist das Tanzen; auf einem Wurstballe wird bloß gegessen und getrunken; getanzt wird aber gar nicht. Zwar gibt's auch auf den andern Bällen Leute, die nicht tanzen, aber es sind dies entweder alte Matronen, die ihren Töchtern zulieb gekommen sind, oder Frauen, die auf der Neige der dreißiger Jahre stehen und nur sich anstellen, als ließe die Dezenz oder die Eifersucht ihrer Männer sie zu diesem »Mann und Weib verschmelzenden« Vergnügen nicht zu, oder alte Herren, denen ein Glas Wein lieber ist, als zehn volle Arme, oder auch junge Herren, die sich rar machen wollen, sich mit ihren Opernguckern breit in die Mitte des Saals stellen, die Damen zu mustern, und in ihrer Nachlässigkeit französische Roués oder englische Dandys nachahmen. Nicht selten gibt es aber auch andere junge Herren, die gar nichts tun als tanzen, die aussehen, als wären sie gemietet, um in ewigem sich Drehen die Zeit zu vergeuden, und kaum so viel Muße gewinnen oder auch so viel Geld aus der Tasche herausbringen, um ein Glas Zuckerwasser hinunter zu schlürfen. Auf einem Wurstball ist aber die Sache ganz anders. Alt und Jung, Weib und Mann, Tochter und Sohn, alles kommt dorthin, aber niemand tanzt. In der Tat ein sonderbarer Ball.

Die Wurstbälle sind eigentlich gar nichts anders als Wirtshausmetzelsuppen. Was aber eine Metzelsuppe ist, weiß jedermann, nur die Leute nicht, die nicht metzgen. Die gemetzgten Personen, d. h. die lieben Schweine, wissen auch nichts davon.

Eine Metzelsuppe ist eine uralte deutsche und absonderlich schwäbische Einrichtung. Sie ist fast so alt als die Schweine, und diese sind bekanntlich mit dem Menschen zugleich erschaffen worden, weswegen sie auch eine ganz ähnliche Organisation wie die Menschen haben. Es ließe sich an diese Ähnlichkeit noch manche physische und psychische Betrachtung knüpfen, allein wir sind an den Wurstbällen.

Im südlichen Frankreich hat jedermann seinen Wein im Keller, im Schwabenland besitzt jeder Landmann sein Schwein. Kälber, Ochsen, Schafe und dergleichen

Ungeziefer zu metzgen, das ist Sache der Metzger, solcher Ware bezieht man auf dem Lande gewöhnlich von der Stadt, denn auf dem Dorfe kann sich kein Metzger mit derartigen Artikeln durchbringen. Die Schweine aber metzget der Bauer selbst. Ohne Schweinefleisch kann man nicht leben. Winters isst man alle Tage Schweinefleisch und sommers wieder alle Tage. Der Bauer ernährt mehrere Schweine und sein Stolz ist, diese so schwer und fett als möglich zu machen, aber der geringste Taglöhner mästet wenigstens sein Säulein, denn er muss doch etwas haben zu seinem Sauerkraut, seinen Spätzlen, seinen Kartoffeln. Nichts ist ja leichter zu erhalten als ein Schwein! – Wenn ein Reisender im Anfang des Winters durch ein schwäbisches Dorf kommt, so hört er den ganzen Tag ein klägliches Geschrei; seine Ohren tun ihm weh, denn diese Töne haben keinen angenehmen Klang; es ist das Geschrei der Säue, die gemetzget werden. An einem solchen Metzeltage ist ein großes Leben in den Bauernhäusern. Mann, Frau, Kinder, Mägde, Knechte nehmen an dem Feste teil und haben alle Hände voll zu tun. Der König des Festes aber ist der Metzger. Er führt an diesem Tage eine unumschränkte Herrschaft; diesem befiehlt er, Fleisch zu hacken, jenem das Blut zu rühren, eine andere muss Speck schneiden, wieder eine andere das Feuer unter dem Kessel schüren, eine Dritte die Würste in den Rauch hängen u.s.w. Nächst dem Metzger spielt der Kessel die Hauptrolle. Dieser ist von ungeheurem

Umfang und birgt in seinen weiten Räumen fast die ganz gemetzgete und in Stücken geschnittene Sau. Der Kessel ist das Heiligtum, auf welches aller Augen mit gespannter Erwartung geheftet sind. Endlich ist das Werk vollbracht, die Fleischstücke hängen im Rauche, die Würste sind fertig, nun sammelt sich alles zur Metzelsuppe, d. h. zum großen Abendschmause. Dieser besteht in nichts anderem als in der fetten Brühe, so dem Kessel entnommen und mit Brot zersetzt wird, in Sauerkraut, in Schweinefleisch und in Würsten, als das sind Bratwürste, Leberwürste, Knackwürste und Blutwürste, Herrschaft und Gesinde sitzen an einem Tisch, der Bierkrug macht oftmals die Runde und von Fleisch wird eine solche Masse verzehrt, dass man glaubt, das gute Schweinlein müsste jetzt schon darauf gehen.

Aber ein solcher Metzelsuppentag ist ein Tag der Freigebigkeit. Die alte Gastfreundschaft der Deutschen ist noch nicht ausgestorben; an einem Metzelsuppentag floriert sie noch in ihrer ehemaligen Größe. Oder werden nicht die Verwandten und Freunde alle zu der Metzelsuppe eingeladen? Fühlt sich der Bauer nicht glücklich, wenn alle Eingeladene kommen und es sich herrlich schmecken lassen? Bekommen nicht die Armen im Dorfe alle ihren Teil von der Brühe aus dem großen Wurstkessel, und nicht selten wird noch ein Stückchen Fleisch zugesellt, damit sie sich auch glücklich tun können? Ist es nicht der erste Gedanke des fröhlichen Hausherrn, dass er seinem Herrn Pfarrer und Beichtiger, nicht selten auch seinem Herrn Schulmeister und Schultheißen und andern vornehmen Leuten im Dorfe ihre Portionen schickt? Und wahrhaftig das Stück Schweinefleisch, das ihnen zugesendet wird, ist nicht das Schlechteste, und das halbe Dutzend Würste ist nicht aus den kürzesten zusammengelesen!

So wird's mit den Metzelsuppen gehalten, aber ein Wurstball ist denn doch noch etwas ganz anderes. Ein Wurstball ist eine Metzelsuppe im Großen, eine öffentliche Metzelsuppe, eine Metzelsuppe, die nur von einem Wirte gehalten werden kann.

Ein Wurstball wird stets in den Zeitungen, d.h. im Intelligenzblatte des Ortes annonciert. Ein Freund ruft's dem andern zu: »Heute ist im Lamm Wurstball.« An diesem großen Tag wird in wenig Häusern ordentlich zu Mittag gekocht; in noch wenigern wird ordentlich gegessen. Jedermann will den Appetit sparen auf den Wurstball. Der Schreiber geht heute bälder vom Amtszimmer, der Schulmeister lässt seine Buben um eine halbe Stunde früher springen, worüber sich diese fast noch mehr freuen als er selbst, der Kaufmann schließt seine Bude vor der sonst anberaumten Zeit. Mann muss ja den Wurstball besuchen.

Es ist nur schade, dass der Wirt nicht mehr Zimmer hat. Sie würden alle besetzt. Eine Masse von Bürgern und Bürgerssöhnen, eine Masse von gutgenährten Frauen und lieblichen Mädchen hat sich eingefunden, denn der Hausherr nimmt seine ganze Familie mit sich.

Alle Tische sind mit Speisen überladen; es ist ein ungeheurer Aufwand von Sauerkraut, Schweinefleisch und Würsten vorhanden, und lieblich kitzelt der qualmartig aufsteigende Wurstdampf die Nasen. Der Drang ist unwiderstehlich. Man muss essen und immer wieder essen. Alles wohlfeil, der Wirt kann unmöglich einen Prosit daran haben; wenn er nur wieder erlöst, was ihn die Sau und das Metzgen gekostet. Der Wirt tut das alles gleichsam zum Spaß, zum allgemeinen Besten, wie die Buchhändler in ihren Bücherannoncen! Aber warum werden denn immer neue Fässchen Bier aufgepflanzt? Warum ist denn ein ewiges Klopfen an den Gläsern und Krügleins? Die Leute müssen einen immensen Durst besitzen. Wohl ist die Sau fast ganz in Würste verwandelt worden, aber in die Würste ist eine Ingredienz hinein gekommen, die unwiderstehlich zum trinken reizt. Pfeffer und Salz ist nicht geschont worden, so wenig, dass man glauben sollte, man könnte diese Gewürze umsonst haben. Ein Stück Bratwurst erfordert zehn Schluck Bier! Die Wirkung ist unausbleiblich! Schon um acht Uhr abends wird in zehnerlei Sprachen gesprochen. Jeder hat das Wort, jeder äußert seine Meinung, denn jeder hat allein recht, und damit man ihn höre, erhebt er seine Stimme immer gewaltiger, und ein Getös herrscht, dass man am Ende nicht mehr weiß, ob man selbst oder ein anderer gesprochen! Nun noch ein Imbiss! Noch ein paar Würste, noch ein Stück Fleisch, eine Portion Sauerkraut! Noch einen kräftigen Schluck Bier, und die Frauen begeben sich nach Hause, denn sie müssen doch auch für die kleinen Kinder und das Gesinde sorgen. Für die Männer gibt's kein Ziel. Jetzt geht's erst ans Trinken. Die Pfeifen heraus, neue Fässchen Bier in die Stuben! Der Qualm ist bald undurchdringlich.

Wer einen schlechten Magen hat, oder nicht gut auf der Lunge ist, dem rate ich an einem Wurstballtage nicht in einem Wirtshause der Art einzukehren. Denn etwas anderes als Schweinefleisch zu begehren, würde an diesem Tage für Wahnsinn angesehen. Rindfleisch und Gemüse oder gar Mehlspeisen sind verpönt. Vom Schlafengehen ist auch keine Rede, denn bis 12 Uhr zehren die Wurstballbrüder, und sind fröhlicher bei ihren Würsten und ihrem Bier als ein Herzog bei Austern und Portwein, eine Nahrungsart, die ich jedoch auch nicht verachte. Spät in der Nacht wanken die Zecher nach Hause; aber ihr abgehärteter Magen fühlt keine Beschwerde. Wohin bist du gekommen, Bildung des 19. Jahrhunderts?

Woher der Name Wurstball kommt, weiß ich nicht. Das aber weiß ich, dass die Würste Tänzer und Musikanten zugleich sind. Man wird gestehen müssen: die Wurstball-Melodien sind einzig in ihrer Art.

Der Morgen nach einem Wurstballe versammelt alle Zecher vom Abend im alten Lokale. Ein Stückchen Wurst ist noch übrig geblieben, und ein Trunk frischen Biers tut dem Magen gut. – Die Wurstbälle sind einzig und allein im württembergischen Oberlande zu Haus.

Gustav Rümelin

Schwäbische Geselligkeit

Auch im geselligen Leben machen sich die Wirkungen der obigen Charakterzüge in leicht erkennbarer Weise geltend. Jener Trieb, sich gehen zu lassen, sich keinem Zwang und keiner Dressur zu unterwerfen, jener in sich gekehrte, reflektierende Ernst, die geringe Aufmerksamkeit auf äußere Formen, jene trockene Schweigsamkeit, jene Scheu vor allem Hervortreten sind ihrer Natur nach keine günstigen Vorbedingungen für eine höhere Geselligkeit; und man wird wohl sagen dürfen, dass gesellige Talente, belebende, anregende, beredte Naturen unter den Schwaben verhältnismäßig weniger zu treffen sind als unter den Franken, Rheinländern und Norddeutschen. Auch Feste und Spiele des Volks sind selten und haben wenig volkstümlichen Charakter; das Volk erscheint nur als eine Menge von Einzelnen, in zuwartender Haltung, ohne sympathische Haltung, ohne Empfänglichkeit für bedeutsame Vorgänge oder zündende Worte. Abgesehen von der neuesten Ära des Vereins- und Parteiwesens zerfällt die Gesellschaft in eine unendliche Menge kleiner und kleinster Kreis, Coterien, Kränzchen, wo man seine besondern Tage,

Häuser, Zimmer, ja Tischplätze hat und wo der Zutritt dem Fremden ziemlich schwer fällt. Das Vereinswesen findet aber eben darum so großen Anklang, weil man sich dabei nur für einzelne, ganz spezielle Zwecke bindet und in allem Übrigen seine volle Freiheit bewahrt. Ein wichtiger Grundzug der schwäbischen Geselligkeit, der zwar im Allgemeinen als süddeutsch bezeichnet werden kann, aber doch wohl nirgends so ausgebildet und festgewurzelt sein mag, ist die Trennung der Geschlechter. Der Mann sucht seine Erholung außer dem Hause, an öffentlichen Orten in der Gesellschaft von Männern; die Frau bleibt mehr auf den häuslichen Kreis und den weiblichen Umgang beschränkt. Der norddeutsche Teetisch findet wenig Anklang und erscheint den Männern lästig. Die Unterhaltung der Männer wird hierdurch freier, vielseitiger, gehaltvoller, sie verzichtet aber auch mehr auf die gebildeten Formen und die feinere Geselligkeit. Beim weiblichen Teile hängen hiemit die vielgepriesenen Tugenden der schwäbischen Hausfrau zusammen, zugleich aber auch, dass höhere Geistesbildung der Frauen vielleicht seltener als in Norddeutschland ist, weil sie von den Männern weniger gesucht und gewürdigt wird. Ein schwäbisches Charakterbild würde ein unvollständiges und allzu ernsthaftes werden, wenn es nicht auch jenes Gefallens an der zwanglosen Geselligkeit des Wirtshauses, an humoristischer und ausgelassener Unterhaltung, an den Freuden des Bechers und Mahles Erwähnung täte, ja es würde sich dem Vorwurf der Verschweigung oder Beschönigung aussetzen, wenn es unbemerkt ließe, dass unter den Klippen und Gefahren, denen das schwäbische Naturell ausgesetzt ist, die Liebe zu geistigen Getränken eine wichtige Stelle einnimmt, und zwar keineswegs bloß für die niederen und ungebildeten Volksklassen. Das Wirtshaus ist unzweifelhaft ein wichtiger Faktor des schwäbischen Volkslebens, und die Anziehungskraft desselben eines der größten Hindernisse für ein rasches Anwachsen des Volkswohlstandes.

Wenn in andern Ländern entweder Wein oder Bier oder Obstmost oder gebrannte Wasser etc. das ausschließliche oder vorherrschende unter den geistigen Getränken bilden und nicht ohne Einfluss auf Sitten und Lebensweise bleiben, so kann sich der Schwabe auch hierin der Mannigfaltigkeit und eines gewissen Universalismus, der in der Fruchtbarkeit und den klimatischen Verschiedenheiten des Landes seine Stütze findet, rühmen, wie denn schon ein altes Witzwort von ihm sagt: nihil, quod bibi potest, a se alienum putat (nichts, was man nicht trinken kann, verschmäht er).

Carl Theodor Griesinger

Ein Stuttgarter Biergarten

Ein Stuttgarter Biergarten ist ein Garten mit verschiedenen Gängen, die mit Sand belegt sind, einigen Bäumen, die Schatten gewähren sollen, und einigen Dutzenden Tischen und Bänken, an welchen Leute sitzen, welche Bier trinken. Er ist noch nicht sehr alt; das sieht man an dem Zaune, der noch ziemlich gut erhalten ist. Früher war er meistens ein Weinberg, aber der Wein, der da erzeugt wurde, hatte gar so viele Ähnlichkeit mit dem Essig, und nicht einmal mit dem Weinessig. Er ist ein Freund der guten Aussicht, denn man übersieht von ihm aus eine große Landschaft, oft auch die ganze oder die halbe Stadt.

Ein Stuttgarter Biergarten ist ein abgesagter Feind des Winters. In dieser Jahreszeit legt er oft Trauer an, aber keine schwarze, sondern weiße, wie die Chinesen, und ist für jedermann unsichtbar. Keine Gewalt kann ihn bewegen, in diesen Zeiten seine Türen zu öffnen; er ist traurig und in sich gekehrt und wartet des Frühlings. Da grünet er und treibt und sprosst und belaubt sich, und die Vögelein schlagen ihre Nester in ihm auf und pfeifen lustige Liedlein, uns es ist eine Lust, es mit anzusehen, wie er täglich mehr zunimmt an Kraft und Fülle. Seine eigentliche Lebensperiode beginnt aber erst mit dem Ende des Mai, wenn die Sonne anfängt zu brennen, und auf den heißen Tag ein kühler Abend im Schatten der Bäume ersehnt wird. Da ladet er jedermänniglich freundschaftlichst ein zum Besuche und gibt alle Tage große Gesellschaft. Zwar in der Frühe morgens liebt er dieselbe nicht, und öffnet seine Toilettenzimmer selten; er gleicht hierin einer vornehmen Dame; allein mittags gibt er stets Audienz. Er hat sich deshalb verschiedene Kammerjungfern angeschafft, welche die Gäste aufs flinkste zu bedienen stets bereit sein müssen. Je höflicher die Gäste sind und je zuvorkommender gegen die Dienerschaft, umso flinker werden sie bedient; und man kann alles haben, was man will, jedoch keine anderen Getränke als Bier. Im Essen liebt er Frugalität; wer nicht mit Käse, Butter, Schinken, Braten, Wurst und Rettich zufrieden ist, der kann immerhin zu Hause bleiben, oder in einen Gasthof gehen. Auch sieht er nicht gerade darauf, dass außerordentlich viel getrunken wird; im Gegenteil hält er viel auf Anstand und liebt deshalb eigentliche Trinkgesellschaften nicht außerordentlich, die deswegen auch selten bei ihm zu treffen sind. Diese weist er vielmehr ins Haus daneben, wo sie ungestört jubeln und zechen können. Wie wäre es auch schicklich, wenn eine so noble Gesellschaft, wie sich eine bei ihm versammelt, durch wildes Geschrei und betrunkene Rufe gestört würde! Dagegen liebt er eine solide Unterhaltung mit Damen. Diese sind seine Hauptpassion, und nichts geht ihm über ein junges Mädchen in ihren Rosenjahren. Er hat deswegen in der Woche einen besondern Tag sich auserwählt, wo allgemeine Damenunterhaltung stattfindet; und jeder Biergarten hat seinen Galatag. Es ist 4 Uhr; siehe da strömt eine Menge Menschen durch das Tor hinaus, alle festlich angezogen und zierlich geputzt; Jung und Alt, schön und hässlich, weiblich und männlich, angestellt und nicht angestellt, Arm und Reich, Hoch und Nieder, aber alle für heute Abend zu einem Zwecke vereinigt; sie wollen sich verlustieren im Biergarten. Und oben von einer Terrasse herab, oder aus der Mitte des Gartens, erschallt eine herrliche Trompetermusik, stets dieselbe alle Jahre, aber doch stets abwechselnd in ihren Melodien, stets Neues produzierend. Man sieht, dass es ihm nicht um eine große Einnahme zu tun ist, sonst wäre die Entrée nicht bloß auf drei Kreuzer gestellt. Vielmehr will er bloß viele Gäste haben; und je stärker die Versammlung, umso stolzer ist er: denn es ist dies ja ein Beweis, dass seine Soireen die nobelsten sind. Wie jubelt er da, und mit ihm sein Inhaber, wenn alles überfüllt und kein Platz mehr leer ist, und sogar die Rasen von Trink- und Schaulustigen besetzt sind! Wie freundlich zeigt er sich da gegen die Mütter und ihre Töchterlein, wenn sie denn Strickstrumpf in der Hand oder die Näharbeit auf dem Schoß dasitzen bei Vater oder Bruder, oder Onkel, oder Geliebten oder Pousseur, und zierlich am Bierglas nippen und Butterbrot verspeisen und süße Plaudereien verführen! Wie galant ist er sogar und bietet ihnen ein schönes Röslein an, das ihm selbst zur Zierde gereicht, dass sie es pflücken und ihren jungfräulichen Busen mit schmücken. Also wie gesagt, er ist ein Liebhaber des weiblichen Geschlechts und dieses ist dafür auch nicht undankbar. Im Gegenteil: manch' holder Mund, den ein zierlicher Galan oft Jahre lang bitten muss um das süße Wort »Liebe«, benennt gleich nach dem ersten Besuch den Biergarten mit dem Beinamen »mein Lieber«; und manche Dame, welche die ganze Woche nicht aus dem Hause kommt, und sich kaum Zeit nimmt, die Haare zu ordnen, die putzt sich an des Biergartens Galatage und lässt sich den Besuch nicht nehmen. Ja manche derselben tut ihm sogar die Ehre an, und nimmt sich die Mühe, und erscheint alle Male in einem andern Kleide, damit sie ihm und vielleicht auch andern, die ihn besuchen, immer neu erscheine. Der Galaabend im Biergarten ist ihr fast so lieb, als der Sonntagvormittag in der Kirche. Sieht sie ja doch fast noch mehr Herren und wird von mehreren gesehen. Die Herren aber, das weiß der Biergarten wohl, sind überall, wo es schöne Damen gibt, und wenn das Bier auch schlecht wäre, was gar oft der Fall ist. Sie kommen ja nicht, um zu trinken, sondern um zu sehen und zu sprechen, und dabei eine Zigarre zu rauchen. Gar manche Bekanntschaft wurde im Biergarten geschlossen, wozu sonst keine Gelegenheit geworden wäre, und führte zu Freude oder Leid, je nachdem die Verhältnisse waren.

Wie aber der Biergarten seinen Galatag hat in der Woche, so auch seinen großen Audienztag. Am Sonntag sind alle Bürger Herren und alle Handwerker Freiherren. Das weiß der Biergarten wohl, und tut deshalb am Sonntag auch nicht spröde, sondern lässt alles herein, was einen Rock anhat oder einen Unterrock; Mädchen aller Art, Männer aller Art, Frauen aller Art; ein wahrer Mischmasch, oft nobel, oft nicht nobel, meistens aber das Letztere. Aus diesen Besuchen zieht der Garten seinen Vorteil, und vom Vorteil lebt man. Denn die Leute am Sonntag verzehren mehr als den Tag zuvor die Vornehmeren. Allein ganz so geputzt zeigt sich dennoch der Garten nicht, denn er hat da selten Trompetermusik, sondern höchstens ein paar böhmische Geiger.

So treibt's der Stuttgarter Biergarten bis in den Herbst hinein, wo es oft schon recht kalt und schaurig sich sitzt unter freiem Himmel. Denn er kann sich von seinen lieben Gästen kaum trennen, und es tut ihm weh, seine Winterkleider wieder vorziehen und sich verpuppen zu müssen wie eine Raupe. Und schon im Herbst freut er sich wieder auf den Frühling, wo er als Schmetterling aus der garstigen Puppe hervorkriecht, wie Hans Eulenspiegel beim Bergsteigen aufs Berghinabgehen; mit ihm aber freuen sich die Aktionärs oder Inhaber, die an ihm ein teures Kind großgezogen haben, das bloß eine kurze Zeit über im Jahre etwas verdienen kann.

Johann Baptist Pflug

Oberschwäbisches Volksleben

Am ersten Sonntag in den Fasten, der »Funken-Sonntag« genannt, wurden bei einbrechender Abenddämmerung auf allen erhöhten Punkten von den Dörflern große Feuer angezündet und ungefähr eine Stunde lang in hohen Flammen emporschlagend erhalten. Die Jugend tummelte sich um die Feuer und machte sich auf allerlei Weise lustig. An vielen Orten wurde von den muntern Burschen »der Funkenring« geschlagen. Dem Liebchen zu Ehren flog dieser Ring unter den Worten:

»Funken aus Feuerschein,
Wem soll der Ring geschlagen sein?«

sprühend in die Höhe. Aus trockenem, harzigen Holz wurde nämlich eine runde Scheibe gemacht, in der Mitte mit einem Loche versehen, und in dieses ein Stock gesteckt, dann der Ring am Feuer angezündet und auf einem schräg gestellten Brett mit aller Macht weit empor in die Luft geschleudert. Das also geehrte Mädchen ließ dem »Schatz« hiefür einen Funkenring backen; dieser Ring (Brezel) bestand aus »mürbem Brot«; dem Beglückten wurde häufig von seinen Kameraden der

Rückweg mit Sägmehl bestreut, damit er nicht falle und sich durch das fette Andenken beschmutze, nicht selten aber auch der Funkenring mit Gewalt abgejagt, besonders dann, wenn der Beschenkte von einem andern Orte war.

Am »Kirchweihsonntag« nach abgehaltenem Gottesdienst fand ein Voressen statt, das aus gerösteter Leber, sauren Lungen, Kutteln usw. bestand – dazu wurde Bier oder Wein, je nach dem Vermögen des Bauern, gegeben. Die Katholiken steckten wie jetzt noch eine große Fahne auf dem Turm aus; auch das Innere der Kirche wurde mit Blumen, Kränzen und Tannenzweigen geschmückt. Alte Sitte war's zum Kirchweihfest aus nah und fern einzuladen. Auf vielen Stunden Weges kamen Freunde und Verwandte zusammen, und es freute sich Alt und Jung auf diesen Tag, namentlich aber freuten sich die Dienstboten, die mit allem möglichen Fleisch in der verschiedenartigsten Zubereitung und mit weißem oder Birnbrot bewirtet wurden; das gewöhnliche Schwarzbrot wär' an diesem Tag eine Schande gewesen. Fest saßen die Mannen beim Mahl mit herab geschlagenen, goldbefransten Hüten, deren spitzer Teil nach hinten gekehrt war, zum Unterschied von der Weise des Unterlandes, wo man diesen Teil nach vornen über der Nase trug, im blauen oder grünen Oberrock oder im Kamisol – einen kurzen Rock, der bis ans Knie herab ging und stehendes Krägelchen hatte – das Mailänder Halstuch mit hervorstehend und zierlich die Knöpfe des »Leibles«, d.h. der Weste, von hellrotem Charlatin eingeflochten, in den mit schwarzen Bändeln zugeknöpften Lederhosen, welche an den Seiten mit erhabenen, schwarzen Verzierungen ausgenäht waren.

Den Schlachtreigen eröffnete die »Kirchweihsuppe« aus gerösteten Eierknödeln usw.; dann wurden Blut- und Leberwürste, geräuchertes Fleisch mit Kraut aufgetragen, gesottenes Rind- und Schweinefleisch mit Meerrettich, Rettichsalat und Senf folgte; der vierte Gang brachte Bratwürste mit (Kartoffel- oder grünem) Salat, ein weiterer Gang eingemachtes Kalbfleisch mit dem beliebten »Eierhaber« oder leckeren kleinen runden, in Schmalz gebackenen Küchlein, Den Beschluss machte Kalbs- und Schweinebraten mit Rotkrautsalat. Als Nachtisch wurden Äpfelküchlein, »Bauernhocker« (dicke Küchlein) mit gekochten dürren Zwetschgen, Butternudeln (die Butter durch ein Tuch oder einen Schaumlöffel derart gedrückt, dass sie ein feines, gekräuseltes Aussehen bekam) und Honig vorgesetzt.

Damals – hauptsächlich noch vor der Französischen Revolution – war überall an Früchten, Vieh, Wildbret und Fischen ein Überfluss, die Klöster waren reichlich mit Geld versehen, und nicht ungeeignet nannte man dieses Land auch in solcher Beziehung »das Reich«.

Im Wirtshaus

Ludwig Uhland

Einkehr

Bei einem Wirte, wundermild,
Da war ich jüngst zu Gaste;
Ein goldner Apfel war sein Schild
An einem langen Aste.

Es war der gute Apfelbaum,
Bei dem ich eingekehret;
Mit süßer Kost und frischem Schaum
Hat er mich wohl genähret.

Es kamen in sein grünes Haus
Viel leichtbeschwingte Gäste;
Sie sprangen frei und hielten Schmaus
Und sangen auf das Beste.

Ich fand ein Bett zu süßer Ruh
Auf weichen, grünen Matten;
Der Wirt, er deckte selbst mich zu
Mit seinem kühlen Schatten.

Nun fragt ich nach der Schuldigkeit,
Da schüttelt' er den Wipfel.
Gesegnet sei er allezeit
Von der Wurzel bis zum Gipfel!

Joachim Ringelnatz

Stuttgarts Wein- und Bäckerstübchen

Vor dem heißen Ofen balgen
Katzen sich. Wie dumme Jungen.
Auf dem Tisch an kleinem Galgen
Hängen Brezel, schön geschwungen.

Würdebärte schlürfen kräftig
Wichtig diskutierte Weine. –
Links im Laden bückt die kleine
Bäckerstochter sich geschäftig.

Zinn blitzt von der Holz-Fassade.
Zeichnungen an allen Wänden.
(Stumm, mit mehlbestaubten Händen
Rückt der Wirt die schiefen grade.)

Setzte mich so ganz bescheiden hin
Und vergaß auch nicht, sehr laut zu grüßen.
Dennoch ließen Blicke mich leicht büßen,
Dass ich kein Stuttgarter bin.

Wilhelm Schussen

Himmel oder Hölle?

Wem soll man nun glauben? Denen, die sagen, das Wirtshaus sei die Heimat der sieben Hauptsünden und der vier himmelschreienden Sünden, sie sei das Vorzimmer der Hölle? Oder denen, die sagen, es sei der Jungbronnen für Alte und Müde und der unversiegliche Quell der schönsten Lieder?

Ich gebe von Haus aus gerne jedem Menschen recht. Und wenn ich wieder einmal tüchtig gezecht habe und mit wüstem Schädel erwach, dann fasse auch ich Wein und Gerstensaft in die Schreckensformel Alkohol zusammen. Dann erdulde ich in zerknirschter Bußgesinnung die Prügel, die meine Frau in beständiger Liebe auf meinen Sündenbuckel sausen lässt. Dann schwöre ich ihr aus dem Grund des Herzens, dass ich in meinem ganzen Leben keinen einzigen Tropfen des Gifts mehr trinken wolle. Diesem Schwur folgen dann gewöhnlich noch etliche Streiche als Kräftigung für die Zukunft. Und ich halte lange Wort.

Denn es vergeht geraume Zeit, bis ich wieder heimlich zwei Mark beiseite bringe. Aber dann! Dann laufe ich t'schupp, t'schupp und lasse mich mit Götterbehagen in einer jener dumpfen, niedrigen Schenken nieder, wo die Menschen bei Bier und Wein mehr als bloße Tuchfühlung haben, wo man die Welt wie durch ein farbiges Glas betrachtet, wo man Lästerreden hält auf die sangeslosen Wassertrinker, die den Göttergaben das Feiergewand ausziehen und nackte chemische Formeln im Munde führen. Und bisweilen machte der Rausch mich so gottlos, dass ich lieber im Wirtshaus als in einer Kirche zu sterben wünsche. Dann singt meine Trinkerseele das hohe Lied von der Schenke, vom Lumpenkönigtum, vom fahrenden Minnesänger, von göttlichen Weibern.

Ich bin aus Not ein tugendhafter und nüchterner Mensch. Aber ich gestehe ehrlich, ich könnte kein Lied auf Brausewasser zusammenreimen. Es wäre denn um den Preis einer Kanne Wein. Dann dächte ich beim Dichten immer an den Wein und – –. Freilich, die feinen Leute, also vom Waibel an aufwärts, die haben ja kein Wirtshaus mehr. Die sitzen steif nebeneinander wie die Weidenköpfe im Winterschnee oder stieren in ihre Zeitungen hinein. Wenn sie aber reden, dann sind ihre Worte lauter Schminke.

Ein Wirtshaus hat nur der ungebildete Haufen. Das ist noch ein Wirtshaus, wo man keine Kratzfüße macht und keinen Titel hat, wo man, ohne lang zu fragen, seinen Stuhl an den Tisch rückt, wo man den Hut auf dem Kopf behält, wo man grobe Späße macht und auf den Tisch schlägt und durcheinander schreit. Wo man keine

Gewalt mehr anerkennt als die holde Weiblichkeit. Wo die Kellnerin den Zotenmacher mit Maulschellen abspeist. Wo man revolutionäre Lieder brüllt und eine halbe Stunde darauf »Gott erhalte Franz den Kaiser« singt. Wo der Handwerksbursche noch zu den Menschen zählt und seine hundertmal erzählte und schließlich selbstgeglaubte Fußreise ins Türkenland und zurück – über Moskau, Polen, Magdeburg, durchs Riesengebirge nach Nürnberg – zum Besten gibt.

Dass ich es nur geradeheraus sage: wenn meine Frau es nicht hört, trieft mir der Mund vom Lobe aller flüssiger Göttergaben.

Mich verraten, wäre schamlos.

Carl Theodor Griesinger

Ein gebildeter Gastwirt

Er war früher Kellner und sehr mager, denn er musst flink sein, durfte nur wenig schlafen und hatte viel zu tun. Aber er hat sich etwas erspart in der Fremde; denn er war in der französischen Schweiz, in Baden-Baden und am Rhein; er besitzt auch von Haus aus etwas Vermögen; denn sein Vater ist ein ehrlicher Dorfwirt oder ein reicher Metzger. So kauft er sich den einen Gasthof, und zwar am liebsten in der Residenz, in keinem Fall auf einem Dorfe.

Wer ist artiger als ein neu angehender Gastwirt? Die Gäste mehren sich, der Wohlstand mehrt sich, der Bauch rundet sich. Es gibt fast keinen wohlhabenden Wirt, der nicht einen runden Bauch hätte. Warum sollte er ihn auch nicht haben? Er hat gut zu leben, viel Unterhaltung, wenig Sorgen, mannigfache Bewegung und stets Geld im Beutel; und – sind solche Leute je mager? Eine dünne mondsüchtige Gestalt verträgt sich nur mit Kummer, Liebe, Geldnot, vielem Denken und Hunger; das alles aber findet bei ihm nicht statt.

Er unterscheidet sich wesentlich von einem Dorfwirte. Das ist eine derbe breite Gestalt mit viel Weingrünem im Gesicht, der seinen Gästen den Schoppen in der Hand bringt, die brennende Pfeife im Mund und die Mütze auf dem Haupt, der sich ohne weiteres zu den Einkehrenden hinsetzt, mit ihnen diskuriert und à la Kamerade tut. Ein gebildeter Wirt in Schwaben aber ist ein ganz anderer Mann, denn er trägt einen grünen Frack und hält sich stets in ehrerbietiger Ferne von seinen Gästen. Eigentlich hat ein solcher Wirtschaftsinhaber drei Seiten, oder vielmehr dreierlei Gestalten. Er ist Hausvater, er ist Maitre d'Hôtel, er ist diensttuender Wirt.

Ich kenne keinen liebreicheren Hausvater, als ein Gastwirt ist. Er hat seine Frau aus Liebe geheiratet, d. h. aus Liebe zu dem, was sie hatte und aus Liebe zu ihrer ausgebreiteten Verwandtschaft, und er behandelt sie mit unendlicher Liebe. Ach! Er sieht sie des Tags höchstens eine halbe Stunde, warum sollte er sie also nicht lieben? Je weniger er um sie und um seine Kinder ist, um so weniger können sie ihm alltäglich werden. Und muss sie nicht alles besorgen, was Küche und Weißzeug anbelangt? Dafür ist der Herr Gemahl auch galant und führt sie ins Theater und spazieren, denn er hält eigene Equipage seiner fahrlustigen Gäste zulieb, und macht alle Jahre eine kleine Reise mit ihr, so lange sie jung ist. Seine Kinder aber werden alle verzogen, und zwar teils von ihm selbst, weil er sie wie ein Spielzeug behandelt, teils von der Köchin, die ihnen alles zuschiebt, natürlich hinter dem Rücken der Eltern, teils von den Pensionärs oder abonnierten Mittagsgästen, die meist Hagestolze sind und daher an den Kindern einen Affen gefressen haben.

Ein ganz anderer Mann ist der Gastwirt als Maitre d'Hôtel. Da ist er der Herr des Hauses, hat für den Einkauf in Küche und Keller zu sorgen, seine Kellner in Ordnung zu halten, und seine Lehrjungen zu dressieren. Ein schweres Amt! Gut einkaufen, wohlfeil einkaufen! Ordnung erhalten, höflich sein! Wie oft hat er zu tun, und zu schwatzen, oder nichts zu tun und zu schwatzen, und kommt statt um 9 Uhr um 12 Uhr auf den Wochenmarkt, und findet nur noch unschmackhaftes Gemüse, zähe Tauben und alte Gänse! Wie oft zerbricht der Kellner ein Glas, einen Teller, eine Bouteille, soll er dem ungeschickten Schlingel nicht eine Ohrfeige geben? Oder soll er ihn nicht wenigstens abzanken, dass kein gutes Haar an ihm bleibt? Er tut's nicht selten, denn er ist jähzornig; aber es reut ihn sogleich wieder, denn er hat höhere Rücksichten. Er muss tun, als sähe und höre er nichts, denn was würden die Gäste denken? Die würden sich einen solchen Spektakel schön verbitten. Ja! Muss er nicht oft laufen und springen für seine Dienstboten, wenn es diesen beliebt, nicht gerade gegenwärtig zu sein auf den Ruf eines Gastes, und muss ein freundliches Gesicht dazu machen, wenn ihm die Galle übergelaufen ist? Das alles muss er tun, wenn er nicht bloß Herr des Gasthauses, sondern auch ein gastlicher Wirt sein will.

Denn für wen ist er da? Für wen müssen alle seine Worte und Handlungen berechnet sein? Für niemand als für seine Gäste. Von ihnen lebt er, also muss er auch für sie leben. Da kommt ein vornehmer Herr; er trägt ein rotes oder blaues Bändchen im Knopfloch, – der Herr Gastwirt fängt jeden Satz mit »Gnädiger Herr« an, und schließt ihn mit einer Verbeugung; da kommt ein Student angeritten, – der Herr Gastwirt lacht mit ihm, als wäre er selbst 12 Jahre auf Universitäten gewesen, und wenn's ihm nichts weniger als lachend zumute ist; da kommt eine Dame mit 2 hübschen Töchtern – der Herr Gastwirt weist ihnen die schönsten Zimmer und die besten Plätze an der Tafel an, und ist so artig gegen sie, als der Liebhaber gegen die Mutter seiner Geliebten; da kommt ein armer Gesell und Handwerker, – ei! Auch der ist ihm lieb; er heißt ihn seinen guten Freund, und setzt ihm seinen Schoppen vor, als wäre er ein Reichsbaron; da kommen ein paar Bürger oder gar Bauern, – mit denen tut der Gastwirt familiär und frägt sie nach den Fruchtpreisen und dem Viehstand, als hätte er seiner Lebetage nichts anderes getan als geackert und den Kühen eingegeben. Ein Gasthof ist der Zusammenfluss aller Schattierungen von Menschengesichtern; dem Gastwirt aber ist jedes Gesicht gleich, wenn es nur einen Geldbeutel besitzt mit gangbarer Münze. Er fragt nicht nach Religion, nicht nach Stand, nicht nach Gottesfurcht, nicht nach Verstand, er sorgt nur, dass der Gast gut bedient und er selbst bezahlt werde. Aber meinst du vielleicht, der schwäbische Gastwirt sehe verachtungsvoll auf dich herab, wenn du wenig Geld hast, oder er lasse dich gar aus dem Hause jagen, wenn du gar keines hast? Du irrst dich sehr; unser Herr Gastwirt ist ein ehrlicher Schwabe, und wenn du auch einer bist, oder wenn du ein Gesicht hast, dem man trauen kann, und keine fremdländischen Redensarten im Munde führst, die von der Falschheit deines Herzens zeugen, so pumpt er dir auch auf ein paar Wochen, und wenn du ihn einmal ehrlich wieder bezahlt hast, wohl auch noch länger.

Also ist ein schwäbischer Gastwirt. Und wenn er vielleicht nicht so fein ist, und nicht so nobel frisiert, nicht so artig gekleidet, und nicht so gut französisch spricht als ihr Wirte in Sachsen und Preußen, so treffe ich bei ihm einen guten Wein, und eine gute derbe Kost und einen ehrlichen Mann und eine freundliche Aufnahme und eine wohlfeile Rechnung, und das ist mir lieber als gefärbtes Wasser, Butterschnitten und polierte Redensarten mit schwerfälligem Konto.

Walle Sayer

Umtrunk

Einer kann zehn Bierdeckel mit seinem Zeigefinger durchstoßen. Einer isst abgepacktes Studentenfutter als Geistesnahrung. Einem trocknet nach jedem Satz der Mund aus. Einer kriegt selbst beim Glasheben nicht die Bandgeschwindigkeit aus seiner Bewegung. Einer liest die Vermisstenanzeigen nach sich selber durch. Einer stößt im Horoskop von vorletzter Woche auf ein großes Ereignis in seinem Leben. Einer sitzt in Hausschuhen da, weil er nur kurz Zigaretten holen wollte. Einer, der seit vier Tagen fehlt, ist das Gesprächsthema. Einer kommt durch den Hintereingang wegen der Krankenkontrolleure. Einer stiert vor sich hin. Einer nickt zu allem. Einer ist so friedliebend, dass er damit alle anderen händelsüchtig macht.

Johann Peter Hebel

Abendlied

Wenn man aus dem Wirtshaus geht

Jetzt schwingen wir den Hut.
Der Wein der war so gut.
Der Kaiser trinkt Burgunder Wein,
Sein schönster Junker schenkt ihm ein,
Und schmeckt ihm doch nicht besser,
Nicht besser.

Der Wirt, der ist bezahlt,
Und keine Kreide malt
Den Namen an die Kammertür
Und hinten dran die Schuldgebühr.
Der Gast darf wieder kommen,
Ja kommen.

Und wer sein Gläslein trinkt,
Ein lustig Liedlein singt
Im Frieden und mit Sittsamkeit
Und geht nach Haus zu rechter Zeit,
Der Gast darf wieder kehren,
Mit Ehren.

Des Wirts sein Töchterlein
Ist züchtig, schlank und fein,
Die Mutter hält's in treuer Hut,
Und hat sie keins, das ist nicht gut,
Musst eins in Straßburg kaufen,
Ja kaufen.

Jetzt Brüder, gute Nacht!
Der Mond am Himmel wacht;
Und wacht er nicht, so schläft er noch.
Wir finden Weg und Haustür doch,
Und schlafen aus im Frieden,
Ja Frieden.

Genuss –
über das Notwendige hinaus

Karl Julius Weber

Die Leckerei und Gutschmeckerei

Das kleine Ding, das selbst Armeen zwinget
Und bald als Muse aus dem Dichter singet,
bald vom Katheder Wunderdinge lehrt –
der Gläubiger, den nie ein Schuldner noch betört:
das Ungetüm, das Männer zu Autoren
und Mädchen oft zu Freudendirnen macht,
dem selbst der Einzige für einen Thron geboren,
trotz Zimmermanns Verbot, manch' Opfer dargebracht,
der Magen – ist das Zentrum aller Dinge,
das erste Glied am großen Weltenringe.

Die Leckerei, oder ungeregelte Neigung zu ausgesuchten Nahrungsmitteln, wornach sie die Finger schleckt, und ihr das Maul wässert bei bloßer Witterung davon, ist eine Ausartung der Esslust, so gut als Fresserei, und kann bis zum Eigensinn und pflichtwidrigen Aufwand führen, der unser Gesundheit, Ruhe und Zufriedenheit stört. Die Leckerei verfällt zuletzt nicht bloß auf Dinge, die den Gaumen wirklich reizen, sondern auch auf das bloß Seltene, Teure, Abenteuerliche und auf Genüsse in Einbildung, wie die griechischen Gutschmecker, die uns Athenäus kennen lehrt, oder die britischen Nabobs, die Schildkröten aus Westindien haben müssen, Vogelnester aus Ostindien, die Zunge des Bison und die Nase des nordamerikanischen Musetiers. Ob auch Biberschwänze und Bärentatzen, weiß ich nicht. Sie dürfen die Krebse beneiden, die jedes Jahr einen neuen Magen wie eine neue Haut bekommen, und dazu die Ergänzungsmittel, die kleinen weißen Kügelchen, die man Krebsaugen nennt.

Der Tisch oder die Tafel (Vornehme haben keine Tische) spielt eine große Rolle selbst in unserer Sprache; Tisch schlechtweg bedeutet den Esstisch mit Recht; dann kommt der Trink- oder Schenktisch, wo mancher unter den Tisch getrunken wird, was aber immer besser ist als unter den Tisch gesteckt werden; dann der Spieltisch, Rechentisch, zuletzt der Werk- oder Arbeitstisch. Über Tisch sprechen wir davon, heißt es, manche aber lieben nach Tische. – Von zu Tisch geladen werden oder vom Esstische hört man viel mehr sprechen als von Gottestisch; von Tisch und Bett geschieden werden ist unangenehm, oft aber doch angenehmer, als wenn der Tisch aufgesagt wird, z.B. ein Freitisch, und gar viele kennen keine größere Ehre, als wenn man von ihnen spricht: »Er führt einen guten Tisch.« Tischgenossen sind aber in der Regel besser als Tischfreunde. Der Schritt von Gemeinschaft der Güter zum Eigentum war kein größerer Schritt zur Kultur als der Schritt von der Sorge für den Magen zur Sorge für den bloßen Gaumen ... Welche Veränderungen im Handel und Wandel, wenn der Sitz der Leckerei – unsere Zunge – bloßer gefühl- und geschmackloser Knorpel wäre! Welcher Abstand! der frugale Tisch des Arbeiters – Wassersuppe – und dann ein Speisezettel des Very von hundertsechsundfünfzig Schüsseln – fünfundzwanzig Sorten feiner Weine und fünfundzwanzig Arten Liqueurs! »On ne sait manger qu'en France!« (Man versteht nur in Frankreich zu essen) sagt der Schlecker, und Jean-Jaques: »Au contraire! pourquoi faut-il un art des cuisine?« (Im Gegenteil, zu was braucht es eine Kochkunst?) Ich bin nicht seiner Meinung und erinnere mich mit Vergnügen solcher Mahle, und in unseren Zeiten habe ich Plutarchs Gastmahl der sieben Weisen nie erwartet.

An Höfen und Tafeln der Großen, wo mehr Leckerei als Gefräßigkeit herrscht, reizt doch die Zubereitung und die Menge der Schüsseln zum Übermaße; jedoch kommen mehrere Umstände zusammen, welche Höflinge zu kleinen Talglümmeln werden lassen, wie Mönche und andere viri amplissimi (sehr ansehnliche Herren), deren Tischplätze man auskerben musste. An Höfen leben die Nachkömmlinge der Sybariten, die ein Verbot erließen, eine neue Speise dem Erfinder vor Jahr und Tag nachzumachen, und die Aalfischer waren steuerfrei. Ein Gutschmecker im Palais royal, der die unterrichtenden und witzigen Almanacs des gormands acht Jahrgänge, die mehr sind als Vergis Buch über Leckereien, in succum et sanguinem (in Saft und Blut) verirrt hatte, rief einst: »Still! ich weiss kaum, was ich esse!«

und Graf Gotter wusste an Friedrichs Tafel von viererlei Arten Fasanen ihr Vaterland anzugeben, so wie jener Weinschmecker den Nebengeschmack eines Weins, der nach Leder und Eisen rieche – man sah im Fasse nach und fand einen Bund Schlüssel am ledernen Riemen. […]

Bei der Leckerei gilt zunächst: de gustibus non disputandum (über den Geschmack lässt sich nicht streiten); Gesundheit, Alter, Mode, Einbildung und Gewohnheit modifizieren ins Unendliche. Der Fieberkranke will Säuren, und der belegten Zunge und dem verdorbenen Speichel schmeckt alles ganz anders als dem reinen. Kinder, Jugend und Weiber haben reizbarere Zungenwärzchen als Männer, und daher lieben sie das Milde: Milch, Honig, Zucker, Pflanzen u. dgl. Männer und Erwachsene aber das Salzige; Schinken, Essig, Würste, Gewürze, Senf, Zwiebel und, wenn es die Mode will, im Abendlande Tabak, Pfeffer, Liqueur, wie im Morgenlande Betel, Opium und selbst Assant oder ass foetida. Naschhaftigkeit scheint erst mit den Jahren einzutreten, wo die Esslust ihre Stärke verliert, und man ekler in Speisen wird, so wie viele sich dann lieber an den Wein halten als an das Weib. Die echten Apicii sind die wohlhabenden Hagestolze in großen Städten, die gern allein essen, um dem Tische ihren ganzen Beobachtungsgeist widmen zu können, daher sie sich einer guten Schüssel oder eines guten Weines noch nach zehn Jahren erinnern. Wer alle Tage auf die Jagd geht, wie ein gewisser

Fürst tat, findet auch die schlechteste Tafel gut, und sagt seiner klagenden Gemahlin ganz trocken: »Es lässt sich essen!«

Wir haben keine römischen Pollio mehr, der seine Muränen mit Sklavenfleisch fütterte; aber treiben wir nicht den gleichen scheußlichen Negerhandel, um Kaffee Zucker etc. willen? Die attischen Feigen führten einst Xerxes nach Griechenland, so gut als der Wein die Franken nach Italien, und das Gewürz Spanier, Portugiesen und Holländer zu blutigen Kriegen, und geht unser Gold und Silber aus Amerika nicht wieder nach dem Orient um des Tees und anderer Erzeugnisse willen? Die Redensart manger son bien (Hab und Gut verzehren) drückt Schlemmerei herrlich aus; mehr als ein Rittergut ist schon verschlampampt worden, und ein Graf von Werdenberg verkaufte viele Güter an Ulm um Ulmer Lebkuchen. Spener hätte nicht an Höfe getaugt; denn er machte sich ein theologisches Bedenken daraus – Konfekt zu essen, während so viele Gäste beim Nachtische von Neuem zu fressen anfangen oder gar einstecken, als ob sie lauter Kaiser Alexander Severi wären, von dem man sagte; se non secundam mensam habere, sed secundum (er habe keinen Nachtisch, sondern Tafel zum andernmal). »Votre Seigneurie ne mange pas?« (Euer Herrlichkeit speisen nicht) fragte ein Franzose einen traurig bei Tische sitzenden Baron, und dieser antwortete: »Non, elle est mangée!« (Nein, sie ist verspeist). [...]

In katholischen Staaten ist das Fasten selbst eine Gourmandise, und wenigstens eine wollüstige Abwechslung mit Speisen, deren Genuss noch das Fromme der Handlung erhöht. Wenn einst die andächtigen Kreuzbrüder nach einer Schlappe fasteten, so mussten selbst Säuglinge und das liebe Vieh fasten, d.h. hungern; bei unsern Fasten fiel mir stets jener Bauer ein, der seiner Frau am Karfreitag sagte: »Heute machst du mir nicht wieder zwölf Klöße, nur zehn, aber ein bisschen größer als die gestrigen.« Dieses Fasten ist eine wahre Satire auf das Fasten der Armen, die oft das Wort Fasten das ganze liebe lange Jahr hindurch wortpünktlich nehmen müssen. An einer köstlichen Fastentafel einer reichen Prälatur verdarb ich mir an einer Aalpastete dermaßen den Appetit, dass ich seit dieser Zeit nie mehr einen Aal angerührt habe, und au Rocher de Cancal zu Paris versuchte ich einst aus wahrer naturgeschichtlicher Wissbegierde sechserlei mir unbekannte Seefische, und musste es drei Tage entgelten. Indessen fand ich doch eine Art Fleischeskreuzigung im Fasten, das mir zwei bis drei Tage angenehmste Abwechslung war, aber dann schlich ich mich abends zu einem benachbarten protestantischen Landgeistlichen, um Fleisch zu essen!

Im Hungerjahre 1817 (mehr als 1770) waren auch Leckermäuler mit dem zufrieden, was sie hatten; Hunger und Durst essen und trinken nicht, sondern fressen und saufen, selbst Fichtenrind, altes Leder, Aas und Menschenfleisch. Cook aß auf den aleutischen Inseln Walfischfleisch, und bei Belagerungen hat man schon oft Gott gedankt für Pferdefleisch, das sich auch in saurer Brühe recht gut essen lässt. Im Hungerjahr 1817 hätte das Sprichwort nicht entstehen können: »Der Hunger treibt Bratwürste hinunter«; es fehlten mancher Orten Kartoffeln sogar. Die Leute suchten Wurzeln aller Art in den Wäldern, holten gefallenes Vieh vom Schindanger, und wankten einher mit Schatten, unfähig, das Feld zu bauen, und viele, wenn sie auch nicht am Hunger starben, starben an Entkräftung. Das Jahr 1817 war eine Strafpredigt Gottes über vernachlässigte Sparsamkeit und Mäßigkeit. [...]

In der Tat, Hausmannskost, eine Schüssel Gern gesehen bei Freunden, ein kleines Mahl bei Philemon und Baucis ist dem einfachen Mann der Natur lieber als Königstafel, Wohlstand- und Verhältnistische, und alle Abfütterungen auf Adressen und untertänige Aufwartungen. Die Deipnosophisten an reich besetzten Tafeln lieben drei- und vierzinkige Gabeln und vielerlei Schüsseln, und essen so geschwind, als ob die wichtigsten Dinge ihrer warteten; ein guter Appetit dringt aber mit einem einfachen Zweizack tiefer in schlichte Hausmannskost, als alle Sydariten in ihre Delikatessen, und nimmt sich Weile. Der Arme isst gern langsam; denn er hat oft kein anderes Vergnügen als das der Sättigung, wobei er gern ein bisschen ausruht. Wer nie gehungert hat, hat gar keinen Begriff von der Wollust einfacher Speisen, wie König Karl II. zum ersten Mal erfuhr, als er nach der Schlacht von Worcester zwei Tage in Wäldern herumirrte und endlich in einer Bauernhütte, versteckt zwischen Heu und Stroh – schwarz Brot und Buttermilch genoss. Ein guter Magen ist die beste Brühe, und der beste Koch der Koch Alexanders, der noch zu haben ist: »Arbeit für den Mittagstisch, und ein frugaler Mittagstisch für den Abendtisch.« […]

Nichts ist ungesünder, als allein speisen, seinem bloßen werten Ich gegenüber zu sitzen, und dabei zu lesen oder gar zu denken; man isst, aber man genießt nicht; nichts aber gesünder als Plaudern, Lachen und alle fünf Sinne sättigen mit Wohlgefallen, den sechsten, versteckten Sinn aber versteckt zu lassen. Reinen Enthusiasmus und feurige Andacht zeigen die Menschen am ehesten an einer wohlbesetzten Tafel, wo sie sich auf der höchsten Stufe ihres Daseins erblicken. Sind wir nicht zum Essen geboren, da wir sterben, sobald wir nicht mehr essen, samt allen unsern moralischen Zwecken? Es ist keine Kleinigkeit, wenn man mit der herrlichsten Esslust an der trefflichsten Tafel versprengt wird, wie Soudise zu Gotha von Seidlitz's Reitern – ich selbst empfand einst diesen Schmerz in einem Hauptquartier und zwar weniger wegen der Tafel, als wegen der entgangenen Gelegenheit, Männer, die ich bloß aus Zeitungen kannte, nun noch besser kennen zu lernen inter pocula (beim Becher).

Wer ein Haus machen, d. h. traktieren kann, ist Herr seines Rufes und Ansehens; der Reiche macht sich damit Freunde, der Minister wird zum großen Mann, und der Dichter, der ein Schauspiel schrieb, würde gewiss nicht ausgepfiffen, wenn er das Parterre speisen könnte. Die Rolle des Amphitryon ist die schönste Rolle, die ein Reicher spielen kann; aber der Mensch lebt nicht allein vom Brot, und – gut gegessen ist halb gegessen. Dies bedenken nicht alle Amphitryonen, und doch hängt es meist vom Tischnachbar ab, ob man bloß den Gaumen oder auch den Geist in Bewegung setzt; daher ich mir die Namen auf den Gedecken lobe, wenn sie eine kluge Hausfrau, die die Gäste kennt, geordnet hat; sonst wird in der Küche (wo überhaupt mehr gelacht wird als an Höfen) mehr gelacht, als an der Tafel des Herrn. An gewissen Tischen, wo man mit den Platten sagen muss; »'t is nig Holtje (Holzbirn) un nig Smoltje (Schmalzbirn)«, wird auch weniger gelacht, und daher wünschte ich, der ich mich nicht schäme, in Kochbüchern zu blättern, eine gut geschriebene Geschichte der Kochkunst, die noch zu schreiben ist.

Der Weise wird auch einen guten Tisch zu schätzen, der mehr als bloß die Bedürfnisse und den Hunger stillt; gute Gesellschaft ist halbe Verdauung, und wäre ich reich, ich würde bloß darum ein Haus machen, so wie mir in frühern Jahren in großen Städten die Table d'Hote der Hauptgenuss war – nicht als Tafel, sondern wegen der bunten, wechselnden Gesellschaft an diesen Tafeln. Es war ein Schmarotzer, der das Sprichwort aufbrachte: Narren geben Schmäuse, und Weise genießen sie. Weise mögen nichts mit Narren zu tun haben, wenn sie auch geladen werden. Muss es aber doch à contre-coeur (mit Widerwillen) sein – und wie vieles im Leben müssen wir nicht à contre-coeur – so ist die Lebensmaxime nicht unwichtig: Lass nicht auf dich warten. Während der Viertelstunde, wo man auf sich warten lässt, ist die Rede von uns, und da fallen der Reden gar mancherlei. […]

Es gehört nicht so viel dazu, um einen Schoppen Milch so schmackhaft zu finden als eine Portion Kaffee, und an die Stelle des Biscuits und Malaga – Landwein und Hutzelbrot zu setzen; Klöße, Kartoffel, gedörrtes Obst, Erbsen, Linsen, Gerste, Sauerkraut etc. können große Dinge tun, wenn nur die Beilagen nicht fehlen. Salz und Brot macht Backen rot. Die einfache Wassersuppe ist das Bild des einfachen Menschen; und der einfache Jesus, als er zum letzten Mal mit seinen Jüngern speiste, gab ihnen kein fettes Osterlamm, sondern bloß Brot und Wein zu seinem Gedächtnis; dann und wann mag man sich ein Extra schmecken lassen – Rindsnieren und Hirschziemer, gebackene Karpfen, Forellen, gespicktes Leberle und Leckerle (Zunge) oder einen Kalbskopf in der Haut à la française (auf französische Weise). Selbst der einfache Estragonessig (Dragunpflanze), den ich zuerst in Frankreich kennen lernte, gibt gewissen Speisen ungemeinen Wohlgeschmack, und manche wackere Hausfrau verdankt mir dessen Bekanntschaft. Boerhaave's diätetisches Testament war:

manger, mâcher, marcjer (essen, kauen und gehen), und vielleicht genügte es, dieses Rezept bloß mittags zu beobachten, und eigentliche Abendmahlzeiten eingehen zu lassen. – Eine Hauptmahlzeit und das coenam ducere (Trögeln bei der Abendmahlzeit) der Alten, und so habe ich es zwölf Jahre lang gehalten; aber wo mittags von keinem ducere die Rede sein kann, muss man freilich den Abend zu Hilfe nehmen.

Aber eigentlichen Apicien kann man nicht oft genug sagen: »Gab uns denn Mutter Natur die Zunge, damit einige Wärzchen auf ihr das Ziel unseres Trachtens und Lebens, oder gar der Jammer von Millionen Menschen würden?« Das Vieh kennt und wählt mit Vorsicht, was ihm gut ist; unsere Zunge ist zu stumpf dazu geworden, so wie unsere Ohren unbeweglich. »Der Europäer frisst alles«, sagt der mäßige Orientale mit Verachtung und nennt ihn Schwein – nicht aus Religionshass, sondern weil er fühlt, wie schon Sirach fühlte und sagte, und auch Sokrates, welcher der Meinung war, dass alle Speisen und Getränke, die uns verleiteten, ohne Hunger zu essen und ohne Durst zu trinken, nachteilig auf Leib und Geist wirken, wodurch auch Circe Ulyssens Gefährten eigentlich in Schweine verwandelt habe, wie er scherzend beisetzt. Der Fresser ist der Polype im Menschenreich und hat, wie das Gewürme, kein Herz, sondern nur Magen und Darmkanal. Alle Erdarten lassen sich sättigen, die Erdart Mensch allein nicht; sie wird bloß mit der Materie verbunden, wie die Chemiker sprechen, und bei allen Gastereien sind die wenigsten Selbstlauter – Mitlauter gibt's schon mehr; die meisten aber sind stumme Buchstaben – sie müssen ja essen – und einige liquidae, die sich allein an das Flüssige halten. Die Stimme des Magens ist gar vielen eine heilige Stimme von oben, selbst in Krankheiten, wir nennen sie Gelüste und den Ort Herzgrube, wo der Magenmund anfängt, täglich betend:

> Wir danken, Gott, für deine Gaben,
> die wir von dir empfangen haben,
> und bitten dich, unsern lieben Herren,
> du wollst uns – allzeit mehr bescheren.

Karl Friedrich Vierordt

Zur Geschichte des Tabakrauchens im Großherzogtum Baden

Nachdem in vielen Ländern die geistliche und weltliche Gewalt, das Oberhaupt der katholischen Kirche wie der protestantische König Jakob der Erste von England, der russische Zar wie der Großmogul, gegen die sich einschleichende Gewohnheit des Tabakrauchens ohne großen Erfolg Maßregeln getroffen hatten, kam diese Gewohnheit im dreißigjährigen Kriege durch fremde Truppen auch zu uns, und die ältesten bisher bekannt gewordenen Spuren führen in das Jahr 1642 zurück, also in eine Zeit, welche jetzt gerade zwei Jahrhunderte vorüber ist.

Damals ließ Johann Michael Moscherosch aus Willstätt seine »Wunderlichen Geschichten Philanders von Sittewald« zum zweiten Male drucken, und in der Beschreibung, die er uns dort von den Sauerbrunnen am Kniebis entwirft, redet er auch von den Buden der Tabakkrämer zu Griesbach, Nippoldsau und so weiter. Moscherosch lässt sich teils in dieser zweiten, teils in der bald darauf folgenden dritten und vierten Ausgabe jener berühmten Schrift mit sehr lebhaftem Widerwillen gegen die neue Unsitte aus. Er nennt den Tabak ein giftiges Kraut, dessen Teufelsrauch die Leute toll und voll mache; durch die Spanier sei dieses Gift nach Europa, und durch Franzosen, »die bereits ohne Tabak-Saufen nicht leben können, zu den nachäffichten Teutschen gekommen«. Schon habe der höllische Rauch bei unseren Herren von Adel wie bei geringeren Ständen Beifall gefunden. Ja, Moscherosch klagt, dass nicht nur Bauern, sondern sogar Weiber »Tabak saufen«. Letzteren Ausdruck braucht er ganz gewöhnlich statt der im Munde unseres oberländischen Volkes noch jetzt üblichen Bezeichnung »Tabak trinken«, die der Verfasser der Geschichte von Basel mit Unrecht davon ableiten will, weil beim Rauchen auch getrunken worden sei. Gleichzeitige Tagebücher unserer Landsleute, in lateinischer Sprache abgefasst, sagen bezeichnend; sorbere tabacum.

Haben wir aber aus dieser Zeit einen berühmten Feind des Tabakrauchens aufgeführt, so müssen wir andererseits unsern Blick auch auf einen berühmten Verehrer dieser Sitte wenden. Am 24. März eben jenes Jahres 1642 wurde auf der Brücke zu Dinglingen bei Lahr der bairische General Johann von Werth gegen den schwedischen Marschall Gustav Horn ausgewechselt. Wert, ein Niederländer von Geburt, war 1634 siegreich in unser Land eingedrungen, aber vier Jahre später in Folge seiner Niederlage bei Rheinfelden in französische Gefangenschaft gebracht worden, und galt für einen unvergleichlichen Meister in der neuen Kunst zu rauchen, sodass während jener Gefangenschaft zu Vincennes die Pariser Damen sich ein Vergnügen daraus machten, Zeugen seiner Meisterschaft im Wein- und Tabaktrinken zu sein. Wieder frei geworden, trieb er sich nun noch bis zum Jahre 1640 teils inner, teils an den Grenzen unseres Landes umher, und auch sein ausgezeichneter Waffenruhm half vermutlich der Gewohnheit, von der wir hier reden, immer zahlreichere Freunde zu gewinnen.

Nach dem westfälischen Frieden fuhren die weltlichen und geistlichen Regenten in unserem Vaterlande noch fort, gegen die neue Sitte zu eifern. So verbot zum Beispiel im Jahre 1650, gleichzeitig mit dem Rate zu Basel, der Abt von Schwarzach den Gebrauch und den Verkauf des Tabaks bei einer Strafe von drei Pfund. Hören wir aus der nun folgenden Zeit einige Stellen aus dem Kirchenvisitationsberichte, die der damalige Vorstand der Diözese Hochberg, Johann Fecht in Sulzburg, an das baden-durlachische Konsistorium eingesendet hat. Unter anderem klagt er 1662: »Christe Ledermann zu Bahlingen ist ein Saufer und Verschwender, darneben dem Tabaktrinken ergeben; da er den Pfarrer dermaßen angestunken, dass man schier nit bleiben können. Hans Kopp in Broggingen haltet unverantwortlich Haus, sauft Thapack, fangt Händel an und schlagt sich herum.« Fünf Jahre später fand Fecht das Tabaktrinken in Ottoschwanden fast allgemein: »Wann diese Bauern in der kleinen Kirch vor dem Pfarrer sitzen und atmen, so gehet dem Pfarrer ein solcher Gestank entgegen, dass er meinet, er müsse davon vergehen.« Und in einem Berichte von 1669 bemerkt derselbe zürnend: »Der Herrenmüller in Emmendingen lebt übel mit seiner Frauwen, trinkt auch stetig Thaback, und wenn er in der Kirchen sitzt, also keinen trinken darf, so hat er doch denselben im Mund. Davon stinket er, dass die Leut neben ihm schier nit bleiben können.«

Im folgenden Jahr fing die vorderösterreichische Regierung an, finanziellen Vorteil aus der neuen Gewohnheit zu ziehen, und ordnete Tabakpachte an, welche bald Nachahmung fanden; namentlich begab sich Baden-Baden 1679 des Alleinhandels mit Branntwein, Essig und Tabak um ein Gewisses an einzelne Krämer. Dagegen hörten die Geistlichen nicht auf, das eingedrungene Kraut zu bekämpfen, welches bereits angepflanzt zu werden begann. »Wenn ich«, so predigte damals ein Pfarrer bei Basel, »Mäuler seh, die Tabak rauchen, so ist mir, als säh ich lauter Kamine der Hölle.« Nachdem übrigens gegen das Schnupfen gar niemals ein Verbot ergangen war, wurden jetzt die Edikte gegen die Raucher wenigstens gelindert. Eine Strafandrohung von zwei Gulden, die der Abt von Schwarzach 1684 erließ, berücksichtigte hauptsächlich die Feuergefahr, denn er erlaubte immerhin das Tabakrauchen am Herd. Zwei Jahre darauf klagte die Kanzlei des Johanniterpriors zu Heitersheim in einem Schreiben an das badendurlachische Oberamt Badenweiler, dass zum Nachteil des Zehntbeziehers viele Äcker in Britzingen mit den »ohnedem schädlichen Tabakpflanzen versehen seien, und dass der Zehnte dadurch geschwächt werde«. Das solle der Oberamtmann verbieten. Auf beiliegendem Zettel stünden die vier Jauchert Äcker bezeichnet, die nach Angabe des maltesischen Zehntknechtes mit »Duwackh« gepflanzt seien durch die Bauern Daniel Fin, Jerg Schoch und Hans Steger.

Nach dem orleanischen Kriege, welcher unser Land und besonders die Pfalz so grausam verheert hatte, begann dort, wie im Speierschen, wo man an einigen Orten schon lange Zehnten vom Tabak erhob, der Bau desselben allgemeiner zu werden, und am Schlusse des 17. Jahrhunderts wird an der südlichen Grenze des Großherzogtums unter den Gefällen des Isteiner Bannes ebenfalls der Tabakzehnt genannt. Für die zum baden-durlachischen Unterland gehörigen Orte gebot Markgraf Karl Wilhelm 1718 und in der nächstfolgenden Zeit die Anpflanzung des Tabaks, und zwar in sehr ausgedehnter Weise; ja, er befahl, dass außer dem Zehnten aller übrige Tabakertrag an seine Fabrik nach Pforzheim geliefert und dort dem Werte nach durch herrschaftlichen Tabakspinner taxiert werde. Acht Jahre später betrug in dem hanau-lichtenbergischen Dorfe Linx, bei Rheinbischofsheim, der Tabakzehnte noch bloß vier Schillinge, während der Hanfzehnte sich auf 51 Gulden belief.

Um diese Zeit hatte sich auch die Kirche allmählich

mit dem Kraute versöhnt, das von Burton ein trinkbares Gold, ein Universalmittel gegen alle Übel genannt wurde. Papst Benedikt der Dreizehnte hob das erfolglose Verbot des Rauchens förmlich auf. Doch blieb es an geistlichen Personen noch immer ein Anstoß in den Augen unseres Volkes. Als 1764 die Gemeinde Beuern (oder Lichtental) von einem Franziskaner, Jakob Heigele, der sich seit zehn Jahren bei der dortigen Sankt Wolfgangskapelle ein Eremitenhaus erbaut hatte, um einen Gemeindebetrag angesprochen wurde, führte sie unter den Weigerungsgründen auch die »Tabakspfeife an, die er im Maul habe«.

Unterdessen verbreitete sich die Kultur der Pflanze immer mehr, sodass 1778 das Oberamt Durlach, welches von der badischen Regierung Befehl erhielt, den Flachsbau zu befördern, zur Antwort gab: »Die Sorge für Krapp und Tabak verschlingt fast alles.« Wie sehr übrigens auch die Kultur des Letzteren jener Regierung am Herzen lag, zeigt unter anderem die genaue Anweisung, die darüber im Karlsruher Wochenblatte von 1780 bekannt gemacht wurde. So hob sich im Badischen, und noch mehr in der Pfalz, dieser Zweig des Landbaus in noch stärkerem Grade als inländische Konsumtion, obgleich auch sie, besonders seit dem Einrücken so vieler Truppen in den neunziger Jahren gewaltig zunahm. Schon früher war der Tabakpreis durch den Krieg zwischen England und seinen nordamerikanischen Kolonien so gestiegen, dass ein Zentner Pfälzer Blätter, welcher vor 1776 um fünf Gulden verkauft wurde, ein Jahrfünft später 20 Gulden galt. Daher schilderte schon damals eine Übersicht des Rheinhandels, die in Schlötzers Staatsanzeigen steht, den Tabak als ein Hauptprodukt der Pfalz; er werde in ganzen Schiffsladungen durch die Holländer geholt, mit virginischen Blättern vermengt und den ehrlichen Deutschen wieder zugesendet. Zwar überlasse man, so fährt jene Übersicht fort, am Rhein den Rauchtabak, der sich mit dem Wein selten vertrage, gerne den Vierländern; dagegen finde man dort ganze Dörfer voll Schnupfern, während die Zahl der Raucher verhältnismäßig gering sei. Wie sehr sich dieses seitdem, besonders neben der vergrößerten Zahl der Brauereien, geändert habe, ist uns allen genügsam bekannt.

Schon am Schlusse des vorigen Jahrhunderts wurde die Quantität bloß desjenigen Tabaks, welchen Mannheim ausführte, auf mehr als 40 000 Zentner angegeben, und zwanzig Jahre später versicherte Memminger, unter den 15 000 Zentnern, die in Wirtemberg eingeführt werden, seien drei Viertel pfälzische Blätter, von denen der Zentner durchschnittlich 14 Gulden koste. Weitere zwanzig Jahre darauf gab eine offizielle Bekanntmachung an, damals habe der badische Unterrheinkreis 86 836 Zentner, an Wert 1 039 122 Gulden, also über das Fünffache des gleichzeitigen Weinertrages.

Schließlich machen wir noch die Bemerkung, dass auch derjenige Stand, welcher anfangs als der lebhafteste Bekämpfer des Tabakrauchens aufgetreten war, sich mit dem Letzteren befreundet hat. Ja, er hat dieses in solchem Grade getan, dass einer unserer Landsleute, der im Jahre 1825 verstorbene Staatsrat Joseph Albrecht von Ittner, in einem scherzhaften Aufsatze seiner Schriften einen Theologen als das Non plus ultra der großen Raucherzunft darstellt und ihn sogar die Einteilung der Zeit sowie die Entfernungen des Raumes nach Pfeifen bemessen lässt. Aber noch kurz vor dem Tode Ittners und seines Freundes Hebel, der das stille Glück des Rauchers in mehr als einem Liede pries, hat unter uns eine neue kirchliche Erscheinung, wenn auch bloß vorübergehend, den alten Hass gegen den Tabak wieder zum Vorschein gebracht, und an die russische Sekte der Starowerzi erinnert. Im Jahre 1824 nämlich sagte ein Bericht aus Huchenfeld bei Pforzheim: »Die hiesigen Seperatisten haben das Tabakrauchen unter die Todsünden zu zählen angefangen; doch sind sie der Ansicht nur kurze Zeit treu geblieben, denn schon jetzt leisten sie dieser Versuchung keinen Widerstand mehr.«

Zusatz von Joseph Bader:

Gegen das Tabakrauchen überhaupt noch eifern zu wollen, wäre jetzt, bei der allgemeinen Herrschaft desselben, eine Torheit. Dagegen möchte es ein Wort zu seiner Zeit sein, auf die höchst verderbliche Unsitte öffentlich aufmerksam zu machen, welche unter der Jugend gewisser Orte eingerissen hat, wo nicht erwachsene Jünglinge bloß, sondern schon Knaben von zehn bis 15 Jahren die Pfeife im Mund führen, und nicht mehr etwa nur zuweilen in verstohlener Weise, sondern offen und ungescheut mit der garstigsten Affektation des Alters. Wie oft habe ich an Sonntagnachmittagen solche Knaben getroffen, wie sie beisammen saßen, in die Wette rauchten, spielten und fluchten trotz den rohesten Stallknechten! Wenn das so fort geht, so bilde man sich den Begriff von einer Zukunft, welche sich auf eine solche Jugend gründen soll. Das Übel ist aber umso größer und fordert eine umso aufmerksamere Unterdrückung von oben herab, da die Älteren es meist gedulden, und überhaupt die erwachsenen Leute gleichgültig darein sehen, wie ich denn ganz alte Bursche jenem Unfuge ihrer Dorfknaben ohne das geringste Einschreiten habe zuschauen sehen.

À la carte und Eingebrocktes

Wilhelm Waiblinger

Literarische Speisekarte

Im Vorbeigehen kehrte ich bei einem journalistischen Traiteur ein. Hier fand ich freilich keine Table d'hôte, wie ich mir's in der Unterwelt dachte, wo nämlich nach meiner Meinung alle neun Musen unter dem Vorsitz Apollos neben ihren gebenedeiten Jüngern und Lieblingen mit prachtvollen Gedecken und Servietten zu Mittag speisen sollen, sondern man aß nach der Karte, bekam übrigens, was man haben wollte, wie Figur zeigt.

Speisezettel

Knödelsuppe von Voß	8 Kreuzer
Gellertsche moralische Wassersuppe	4 –
Tiedgescher didaktischer Gerstenschleim	5 –
Schwarzwildpret mit einem Schubartschen Wildgeschmäckchen, noch etwas riechend nach der Schmiede, wo man es brannte	16 –
Schafskopf aus Geßners Idyllen, Portion à	15 –
Schweinjünglinge aus Voßscher Zucht, Portion à	18 –
Kosegartensche Kiebitzen, Portion à	8 –

Voßsche Maienkäfer	3 –
Schnepfen von Kraftgenie, von denen der Dreck das Beste ist	40 –
Pichlersches Gansviertel, weder warm noch kalt	16 –
Klopstocksche Bardalen	10 –
Kritischer Haifisch, Portion à	24 –
Schopenhauerscher Kunstragout ohne Gewürz	12 –
Die Kunst, glücklich zu leben, von Uz, mit einer Kartoffelsauce	24 –
Gedämpfte Voßsche Kartoffeln oder metrische Schnaufkugeln	10 –
Krebse (sensu medio) von Journalen und Literaturzeitungen	48 –
Anglisierter Shakespearescher tragischer Pudding von Immermann	30 –
dito Walter Scottscher Beefsteak mit Kartoffeln	12 –
Die Kraniche des Ibykus, mit Soße	40 –
Dito dito ohne Soße	36 –
Kalbsfüße von Purus Pistor	16 –
Kalbsherz dito	18 –
Adriansche totgeschlagene Grillen	2 –
Saure Nieren von dem großen kritischen Floh Adrian	8 –
Die diebische Elster, eine Rossinische Wasserpastete	48 –
Jean Paulsches Potpourri	50 –
Frühlingsgefühle in verschiedenen Zubereitungen, Portion à	12 –

Kaltes

Ochsenmaul von Hans Georg Nägeli	6 Kreuzer
Entenviertel von Johanna Schopenhauer	8 –
Geistliche Lieder von Herder (Fastenspeise)	12 –
Gellertscher Fabelsalat ohne Essig und Öl	4 –
Ramlerscher Flammkuchen mit Odenkümmel	10 –
Epigrammatische Haselnüsse von …	3 –
Eine Portion Joco	8 –
Ästhetischer Zwieback aus Purus Pistors Schmelz- und Backofen	6 –
Froschschenkel (von Laubfröschen, denen man, wie manchem belletristischen Ungeziefer, die Beine in der Fastenzeit des Geschmacks und der Poesie abschneiden darf, ohne dass die Bestien sterben)	16 –
Zimmetsternchen, Makaronchen, Bisquitchen, Lebküchelchen, Mandeltörtchen, Schokoladentörtchen und sonstiges Zuckerwerk aus Claurens »Vergissmeinnicht«, Damentaschentüchern und Almanchen, Portion à	36 –

Getränke

Der Rheinwein von Klopstock, Bouteille	54 Kreuzer
Vortrefflicher Voßscher Branntwein, aus eigen gezogenem Poetischen Taubenmist, Kelch à	4 –

Außer den stärksten Liqueuren auch Mandelmilch aus Damenalmanachen und Taschenbüchern.

Johann Baptist Pflug

Habermus

Wenn der Frühling kam, war ich meist auf dem Lande; ich nahm es ernst mit diesen Spaziergängen, alles war mir lieb, Luft, Wald, Flur, Tier und Mensch. Meist kehrte ich spät abends erst in die Stadt zurück, mit reicher Ausbeute in der Mappe. Zuweilen blieb ich auch draußen über Nacht bei guten Bekannten, die sich freuten, mir Modell sitzen zu können, mehr noch darüber, dass ich nicht missachtete, was Brauch und Recht bei ihnen war, und sogar ihr raues Mahl mit ihnen teilte.

Einst, im Frühjahr, war ich in einem solchen Hause frühmorgens erwacht. Es krähte ein alter roter Gockelhahn eben den Tag an. Bald darauf tat es plötzlich einen gewaltigen Peitschenknall vor dem Fenster; ich fuhr erschrocken auf – Michel, der Knecht, trieb das Vieh des Hausherrn zur Tränke. Es war ein heller, lichter Morgen. […]

Eilig stieg ich die Treppe hinab ins Erdgeschoss, wo das Gesinde eben sein Tischgebet verrichtete, um den Morgenimbiss einzunehmen. »Gelobt sei Jesus Christus!« lautete von alters her der Gruß, und da ich mich sofort zu dem Essen setzte, fügte Michel, der Knecht, spöttisch hinzu: »Und wo ist mein Löffel?«

Ja, der alte blecherne Löffel, der dort an der Wand im Riemen steckte, just unter dem auf Glas gemalten St. Petrus, an welchem der Zahn der Zeit und die Bürste der Obermagd die Ölfarben an vielen Stellen abgelöst hatten. Jetzt hielt die Obermagd, wie das Sitte ist, den Stiel des Pfannenknechts mit der Linken, während sie mit der Rechten gleich all den hungrigen Magen in der Muspfanne arbeitete. Habermus! Da stand es, duftend, brodelnd, Aug und Nase labend! Wie saftig musste der Brei sein, über welchem die frischen Grieben heiß und von Fett träufelnd in dicker Lage hingegossen waren! Dazu gehörten freilich Gaumen und Nase von jener derben Zusammensetzung, wie sie im Odem harziger Tannenzapfen heranwachsen, die kaum über die Eichelnahrung hinüber sind und Gebäcke von rau geschrotetem Habermehl schon sehr schmackhaft finden.

Ich nun hielt mich an den Kaffee, und der Ähne, dessen zahnlosem Munde das Mus noch gleich trefflich wie vor 80 Jahren schmeckte, ärgerte sich im Stillen nicht wenig darüber. Wenn man sich auf dem Land befindet, darf man die Nase über derlei Dinge nicht so rümpfen, auch ist nirgends im Lande die Reinlichkeit in den Bauernhäusern so groß als in Oberschwaben. Freilich hindert das nicht, dass man einen Nachbarn haben kann, wie den Veteranen Venturi, der zwar auch vom Reinlichsein sprach, doch, wenn er selber kochte – denn er war Witwer und seine Tochter eine Trottel – und die jungen Schweine, die er in einer Ecke seiner Küche hielt, vor Hunger grunzten, die unruhige Ware mit dem Kochlöffel um die Ohren hieb, hernach, wenn der Brei fertig war, ihn zum Abkühlen vor die Tür stellte, wobei seine Hennen über ihn wegliefen und ihm allerlei chinesische Schriftzeichen einprägten, während Venturi seine Kuh zum Brunnen trieb, um nachher mit großer Esslust zu imbissen. Der gute Venturi wusste bloß schwarze Hafersuppe und schwarzes Mus zu kochen, den Winter über gab es zur Abwechslung dann und wann auch ein Gericht von Erdäpfeln.

Johann Baptist Pflug

Das Kraut

Denn gegessen wurde bei dieser Gelegenheit viel und vieles durcheinander wie Kraut und Rüben, besonders das Erstere. Das Kraut ist eine uralte Leibspeise der Schwaben; wir essen es gesotten, gebraten, geröstet, gedünstet und nicht selten roh aus der »Stande«. Es ist ein so treffliches Mittel wider die Eingeweidewürmer, mit denen die Volksmedizin ohnehin zu schaffen hat. In Oberschwaben wird der rundhäuptige oder scheibenförmige, in Niederschwaben der spitzförmige Weißkohl gebaut. Das Wort Kohl ist uns aber nicht geläufig, wir nennen den Kohl Kraut. Auch im eingeschnittenen, vergorenen Zustande heißen wir ihn schlechtweg Kraut. Neben dem Kohl bauen wir als Krautpflanze die weiße Ackerrübe, namentlich die weiße, feine Tellerrübe, aus der wir das gute, wohlschmeckende »Rübenkräutle« bereiten zwischen Kirchweih und Neujahr.

Das Sprichwort »Kraut füllt den Buben die Haut« ist allen Schwaben gemein. Man sagt ihm nach, dass es rote Backen mache. Schweigend und unter stillen Tränen setzt noch da und dort die Mutter am Hochzeitsmorgen ihrer Tochter ein »Kächele Kraut« als Ehrenspeise vor, angeblich, dass sie die Säure des ehelichen Lebens figürlich koste. Stockfisch und Sauerkraut machen das Aschermittwochessen der Schwaben aus, wie Sauerkraut und Leber samt Blutwürsten und »diegenem« Schweine- oder Rindfleisch den besten Teil einer schwäbischen Metzelsuppe. Eine alte Bauernregel sagt: »Getraud sät's Kraut!« Getraud ist der Frühlingsanfang, die Öffnerin der Gärten zu Bau und Saat – unter dem Vorbehalt, dass nicht der verstorbene Lumpenmann seine Säcke vom Himmel herunter ausschüttet und Schneegestöber statt Märzenstaub durch die Gassen des Dorfes wirbelt. Kommt die Zeit, wo das Kraut »verronnen« ist, so gilt es, lüsterne Finken und Spatzen von ihm abzuhalten. Der vermögliche Bauer spannt ein Netz über die Krautsaat, er setzt auf blank geschälte, auch rot angestrichene Stangen jene Windhaspeln, die nach der Laune des Luftzugs bunte Reiter, hämmernde Schmiede, holzsägende Knechte, stoßende Geißböcke in wunderliche Bewegung setzen.

Ludwig Uhland

Wein und Brot

Solche Düfte sind mein Leben,
Die verscheuchen all mein Leid:
Blühen auf dem Berg die Reben,
Blüht im Tale das Getreid.

Donnern werden bald die Tennen,
Bald die Mühlen rauschend gehen,
Und wenn die sich müde rennen,
Werden sich die Keltern drehn.

Gute Wirtin vieler Zecher!
So gefällt mir's, flink und frisch;
Kommst du mit dem Wein im Becher,
Liegt das Brot schon auf dem Tisch.

Gustav Schlesier

Württemberger Wein

Der Weinbau ist zwar sehr bedeutend; allein als Handelsartikel kann er für das Land nicht sehr angesehen werden. Seit der preußisch-deutschen Zollverbindung erhielt die Ausfuhr württembergischer Weine wieder neuen Schwung und auch diese Erwerbsquelle gewann aufs Neue Flor und Bedeutung. Übrigens strebt die Verwaltung sehr dahin, die Wein-Kultur zu verringern und den Wein selbst auf jede Weise zu verbessern. Diese Maßregel der inneren Politik ist für den bürgerlichen und sittlichen Charakter eines großen Volksteils von Einfluss; denn wie überall und in Württemberg besonders wegen der durchschnittlichen Mittelgüte des Weins, trägt dieser Erwerbszweig mit seiner Wandelbarkeit einen leichtsinnigen und demoralisierenden Stempel auf den Sinn des Volkes, oder es schlägt die zurückgehaltene Leichtigkeit und Lebenslust in Schwermut, Unzufriedenheit und Pietismus um. Wie der Wein, so auch die Trinker und so kostbar der edlere, so herb ist der Alltagstrank. Die Äbte, Mönche und Ritter wussten das Gute wohl zu schätzen, am Neckar gibt es ganz vorzügliche Lagen: allein um den Seewein genießbar zu finden, ist schon einige Vorübung erforderlich. Unter allen Weinstrichen Deutschlands ist der Neckarwein gewiss der geringste nicht, wohl aber einer der herbsten.

Eduard Mörike

Widmung

Zum famosen Schönthaler Gurkenrezept
an Constanze Hartlaub

Jedem feinen Rindfleischesser,
Jeder feinen Esserin,
Widmet dies der Herr Professer
Und die Frau Professerin.

Epilog dazu:

Merke noch! Die Senfkukumern
Werden auch in Ewigkeit
Weder schimmeln noch verlummern,
Wenn man sie so zuberei't.

Thaddäus Troll

Epitaph auf den Most

Es ist zwar unehrenhaft, den geringeren Bruder des Weins, den Apfelmost, in dieses Kapitel einzubeziehen, aber da es fast ein Nachruf auf das aussterbende schwäbische Volksgetränk ist, sei ihm hier der Platz eines Anhängsels gewährt und sei vergessen, dass es Zeiten gab, in denen man im schwäbischen Wein hin und wieder einen Apfelkern finden konnte. Die Soldaten im Dreißigjährigen Krieg verlangten viel Wein. Aber die Weinberge waren verkommen, und so bereitete man große Mengen von Apfelwein (ein Ausdruck, der im Schwäbischen streng verpönt ist, da gibt es nur den langgezogenen Mooohhscht), um damit den echten Wein zu strecken. 1636 erließ der Rat der Freien Reichsstadt Esslingen eine Verordnung, die sich gegen die Verfälschung von Wein mit Most richtete. 1649 wurde die Herstellung von Most sogar verboten als »Missbrauch, den man mit dem vom lieben Gott zu gedeihlicher Speise, nicht aber zu mutwilligem Vertrinken geordneten Obst treibe«. Nun bestand das Mostobst allerdings aus kargen sauren Äpfeln und Birnen, die nicht zum Essen taugten. Volksgetränk wurde der mit Birnen vermischte Apfelwein, den man scherzhaft auch Hohenastheimer nannte, erst in der zweiten Hälfte des letzten Jahrhunderts. Noch in den dreißiger Jahren dieses Jahrhunderts kamen auf den Kopf der württembergischen Bevölkerung fünfzig Liter Most. Man trank ihn vor allem auf dem Land gegen den Durst.

Ein Mostrausch war etwas Entsetzliches, weil er den Trinker nicht in die Höhen der Beschwingtheit führte, lange nicht wich und einen peinigenden Kater hinterließ. Auch in einfachen Wirtschaften gab es Most, der Liter kostete soviel wie ein Viertele Wein, und jede Bauern- und Handwerkerfamilie hatte ihre ein, zwei oder auch mehr Eimer Most im Keller (ein Eimer waren dreihundert Liter). Ich kenne keine Wirtschaft mehr, die noch Most ausschenkt, der unvergorene Apfelsaft hat ihn verdrängt, und auch auf dem Land wird der durstlöschende, saure und derbe Vetter des Weins immer rarer.

Joseph Viktor von Scheffel

Die Martinsgans

Tischlied beim großen Gansschmaus im Museum
am 11. November 1857

> Eram nive candidor
> Quavis aver formosior
> Modo sum vorvo nigrior
> Refi. miser! miser!
>
> Nunc in scutella iaceo
> et volitare nequeo,
> dentes frendentes video
> Refl. miser! miser!
>
> Modo niger et ustus fortiter
>
> Carmina Burana p. 173

Der Mensch ist ein Barbar von Natur,
Er achtet nicht im mindesten die Nebenkreatur,
   Tut sieden sie und braten,
   Verspeist sie mit Salaten,
Schütt't Wein oben drauf aus güldnem Gefäß
Und nennt das gelehrt: Ernährungsprozess.

Mich gute Gans haben s' auch erwischt
Und allezeit gerupft und aufgetischt.
   Zum Könige Gambrinus
   Sprach einst schon Sankt Martinus:

»Die Welt, edler Herr, ist nicht viel nütz,
Doch freilich schmeckt zu Bier wie Wein ein
                            Pfaffenschnitz.«

Der eilfte Novembris war der Tag,
Allwo er dieses Wort mit Nachdruck sprach:
    Drum braten brave Leute
    Die Martinsgans noch heute,
Ich armer Vogel, ist das mein Lohn,
Dass man mich tot verzehret auf Subskription?

Wie anders war's, da auf der Weid
Als Gänsulein ich prangte im Flügelkleid?!
    Auf einem Fuße stehend
    Und Aug' und Schnabel drehend
Zum Liebsten, der just über den Rhein
In männlicher Reise als Gänserich kam heim.

O hätt' ich nie gemusst in die Stadt,
Wo niemals eine Köchin eine Bildung hat!
    Sie lachte sehr gemeine
    Und presst' mich an die Beine
Und sprach: »Ob's dich auch drückt und verkropft,
Mit Welschkorn wirst du jetzt vollgestopft!«

So wird' ich schon bei lebender Zeit
Zu Braten und Pasteten vorbereit't;
   Mein Geist geht sehr zurücke,
   Die Leber nur wird dicke:
Sie fragen nicht mehr: Ist schön ihr Gesicht?
Sie fragen allein: Wie fällt sie ins Gewicht?

Ist das der Dank, dass unsere Schaar
Der Hauptstadt der Welt Erretterin einst war?
   Von wegen Weinverkosten
   Schlief alles auf den Posten,
Ohn' unser tapfer Schnattern und Schrei'n
Hätt' Rom schon anno Tubak französisch
                         müssen sein.

Ihr schmausende Herrn, doch spart Euern Hohn,
Wir retten nicht zum zweitenmal die Zivilisation:
   Und stürmt am Kapitole
   Rheinwein, Bordeaux und Bowle,
Keine Gans wird Euch mehr warnen und krähn,
Doch jammernd werden morgen die Katzen
                         vor Euch stehn.

Joseph Viktor von Scheffel

Das große Fass zu Heidelberg

Der XXIV. Versammlung deutscher Philologen und Schulmänner zum 27. September 1865

Tischlied beim Festmahl im Bankettsaal des Schlosses

Glück auf! ein guter Genius
Kommt heut zum Schloss gezogen,
Kollegialisch dröhnt mein Gruß
Euch deutschen Philologen:
Denn Ihr durchforscht mit Blick und Glück
Die Vorzeit Schicht' um Schichte,
Und ich, durchmorscht, bin selbst ein Stück
Kultur und Sprachgeschichte.

Ägypten hat die Mumien gut,
Den Geist schlimm aufgehoben
Und sog des Palmsafts heil'ge Flut
Aus dicken Nilkanoben.
Auch dem Assyrer fiel's nicht ein
Getränk zu überwintern,
Verschimmelt stand sein Dattelwein
In Keilschrifttonzylindern.

Der Stoff des weißen Salomo
Kam nie zu feinem Hauche,
Denn sein Bukett blieb immer roh
Im dunkeln Geißbockschlauche.
Erst als Phöniker Sand zu Glas
Umschmolzen in den Aschen,
Sah Israel ... zwar noch kein Fass,
Doch schon ... pitschierte Flaschen.

Europa, sumpfig, feucht und leer,
Ließ wild die Rebe treiben,
Die Salamander drohten sehr
Den Menschen aufzureiben.
Der Erste, der im Urwald keck
Sich briet den Urtierschlegel,
Trug seinen Meth als Handgepäck
In einem schmalen Legel.

Der Kelte, der auf Pfählen saß
Und niedrer Bildungsstufe,
Barg ein sehr zweifelhaftes Nass
In zweifelhafter Kufe.
In der Kimmerier Nebelgrau,
Bei Völkern rau und zottich,
Kam auch kein großes Fass zum Bau,
Nur Bütte, Pott und Pottich.

Alt-Hellas fand die Fassform früh,
Doch nicht für Bacchos Wonnen;
Man pflag statt Weins Philologie
In leeren hohlen Tonnen.
Das zweckbewusste Römertum
Bedurfte starker Labe:
Zum magnum vas vinarium
Schlich Plinius schon als Knabe.

Doch das antike casum war
Von Ton und spitz nach unten,
Und auch vom cadus ist nicht klar,
Ob Reif er trug und Spunten.
Das echte Fass zeigt deutschen Schwung,
Es gingen die Germanen
Schon auf die Völkerwanderung
Mit Trinkglas, Fass und Hahnen.

Dietrich von Bern rief oftmals froh
Im Keller seines Schlosses:
»Thata liubo fat, thata mikilo!
Du liebes Fass, du großes!«
Und oft sah ihn der Goten Heer
Vergnügt dem Reichsschenk winken:
»Schafft eine Maß zu trinken her!
Scapia maziaia drinkan!

Des Rotbarts Kaisermacht empfing
Den Reichstag gern beim Fasse
Und sang, wenn's auf die Neige ging,
In althochdeutschem Basse:
»Jz rinnit nich ein tropho mêr,
Der wîn ist vortgehupfit ...
Ou wê mîn grôzaz vaz stât lêr,
Sie hâ'nt mirz ûz gesupfit! ...«

Als edler Bildungsdurst die Welt
Erfüllt mit edlem Streben,
Rief mich ein Kurfürst und ein Held
Als Burgfass hier in Leben.
Noch steh ich fest, wo alles fiel,
Des Pfälzer Geists ein Funken:
Groß im Gedanken, flott im Stil
Und gänzlich – leergetrunken.

O wär' ich voll heut', Mann und Glas
Füllt' ich mit Rheinweinmassen!
Doch weh und ach! ... dem Hauptwort »Fass«
Fehlt längst sein Zeitwort »fassen«.
»Geleerte Größe« bricht der Mut
Zu bacchischem Gedichte ...
... Ich bitt' nur um die Note »gut«
In »Sprache und Geschichte«.

Eduard Mörike

Frankfurter Brenten

Mandeln erstlich, rat ich dir,
Nimm drei Pfunde, besser vier
(Im Verhältnis nach Belieben);
Diese werden nun gestoßen
Und mit ordinärem Rosen-
Wasser feinstens abgerieben.
Je aufs Pfund Mandeln akurat
Drei Vierling Zucker ohne Gnad.
Denselben in den Mörsel bring,
Hierauf ihn durch ein Haarsieb schwing!
Von deinen irdenen Gefäßen
Sollst du mir dann ein Ding erlesen, –
Was man sonst eine Kachel nennt:
Doch sei sie neu zu diesem End!
Drein füllen wir den ganzen Plunder
Und legen frische Kohlen unter.
Jetzt rühr und rühr ohn Unterlass,
Biss sich verdicken will die Mass',
Und rührst du eine Stunde voll:
Am eingetauchten Finger soll
Das Kleinste nicht mehr hängen bleiben:

So lange müssen wir es treiben.
Nun aber bringe das Gebrodel
In eine Schüssel (der Poet,
Weil ihm der Reim vor allem geht,
Will schlechterdings hier einen Model
Indes der Koch auf ersterer besteht)!
Darinne drücks zusammen gut;
Und hat es über Nacht geruht,
Sollst dus durchkneten Stück für Stück,
Auswellen messerrückendick
(Je weniger Mehr du streuest ein,
Um desto besser wird es sein).
Alsdann in Formen seis geprägt,
Wie man bei Weingebacknem pflegt;
Zuletzt – das wird der Sache frommen,
Den Bäcker scharf in Pflicht genommen,
Dass sie schön gelb vom Ofen kommen!

Albrecht Goes

Bratapfel

Die drei schönsten von der Hürde
Nimm, so hebt das Braten an,
Apfelbraten – nach der Würde:
Kaiser, König, Edelmann.

Steck die gelben in die Röhre,
Gib dem Ofen den zur Hut –
Wenn ich Windessausen höre,
Schmeckt November noch so gut.

Jetzt gewartet. Unterdessen
Magst du in die Wolken sehn;
Freilich sollst du nicht vergessen,
Ein- und zweimal umzudrehn.

Bräunt das Goldne, schmilzt das Weiße?
Und was funkelt rot mich an?
Welcher ists, der Kaiser heiße,
König, wer und Edelmann?

Nur ein Weilchen noch, ihr lieben
Fleißigen ... da habt ihr scheints
Beide Tafeln schön beschrieben,
Zweimalzwei und Einmaleins.

Hier am Westchen hundert Maschen
Ernsthaft rechts und links gestrickt.
Wohl ... doch jetzt beiseit die Taschen,
Her zum Ofen, hingeblickt!

Seht ihrs nicht mit Mund und Händen?
Duftets nicht in Aug und Ohr?
Wie, daß wir den Zauber fänden,
Heimlich hier im Zauberrohr?

Wie, dass man im Zubereiten
Eine Winterabendwelt
Alle Tag- und Jahreszeiten
Unversehns in Händen hält!

Heißer Saft will niederträufeln,
Und wer soll nun Kaiser sein?
Auch noch Zucker willst du häufeln?
Nimm den Apfel, er ist dein!

Habhaftes für alle Tage

Julius Hartmann

Ernährung im Königreich Württemberg

Oberschwaben

Während in der Landesbeschreibung von 1863 gesagt ist, der Oberschwabe genieße vorzugsweise Milch-, Mehl- und Schmalzspeisen, schreibt uns ein bewährter Kenner über die heutigen Verhältnisse: Jene Speisen haben sich auf das Allgäu zurückgezogen, die Oberämter entlang der Donau und in ihrem Flussgebiet sind fleischessende. Die tägliche Mittagsspeise ist an Fleischtagen, Sonntag, Montag, Dienstag und Donnerstag, Kraut, Knöpflen und Speck oder »diegen Rindfleisch«; grünes Fleisch nur an Festtagen oder bei und nach Metzelsuppen. Was man im Unterland Spätzlen heißt, nennt man hier Knöpflen, was andere Landschaften Knöpflen heißen, Knöpf oder Kügelen. In den Sommermonaten tritt an die Stelle des Sauerkrauts der grüne Salat. An Festtagen wird entweder »aus der Brüh« gegessen: saure Knöpflen oder Nudeln mit Bohnenschalen, selten mit Bohnenkernen; Milchschmorren oder Schmuderitz; Kartoffelbrei; Kartoffelschnitz mit Brennmehl-Brühe oder gebraten: also gebratene Schupfnudeln mit Kraut gemischt, Kratzer, Kratzete (Eierhaber), gebratene Hosenbändel, Butternudeln, gebratene Dampfnudeln, neben denen es auch nackete in der Schleiferbrüh gibt, geröstete Kartoffeln etc. Am Fastnachtssonntag und Palmsonntag, sowie zur Zeit des Heuets und der Ernte werden, weil die Bäuerin keine Zeit zum Kochen hat, »ausgezogene« Küchlein in heißem Schmalz gebacken; auf Kirchweih und Weihnachten Äpfelbrot und Birenzelten = Hutzelbrot. An die Stelle des altherkömmlichen morgendlichen Habermuses tritt der Prolet Kaffee siegreich ein, bloß das Nachtessen ist noch althergebracht, erst eine schwarze Wassersuppe oder Brennsuppe, dann Milch und Brotbrocken drin oder Milch und Kaffee. Allein die Käsereien setzen dem in wenigen Jahren auch ein Ziel. Wie Pilze schießen diese unseligen Käsereien empor, der Bauer verkauft alle Milch, und die kleinen Kinder leiden jetzt zwei Mal Not, da die Mütter nicht stillen. Man isst allerdings fünf Mal, aber wie überall nur drei Mal Warmes. Die zwei Zwischenmahlzeiten sind eben nur Unterbrote, Vesper (in Ehingen Collatiaun genannt) wie überall. Mehr als in anderen Gegenden wird nicht gegessen, höchstens mehr Fleisch gegenüber den anderen Speisen. […]

Schwarzwald

Hier ist zu unterscheiden zwischen dem Leben auf den Höfen, bei den reichen Waldbauern und ihren Taglöhnern, und der Lebensweise der kleineren Leute in den geschlossenen Dörfern, dort wo der meiste Wald in den Händen des Staates und auch die Feldmarkung sehr klein ist. Das Erstere wird im Folgenden beschrieben:

Der Tag beginnt damit, dass der »Herr« weckt, was je nach der Jahreszeit zwischen drei und fünf Uhr morgens vorgenommen wird. Dann wird das Morgenessen bereitet, gewöhnlich von der »Großmagd«, und ist entweder »weiß«, wenn mit Milch zubereitet, oder »schwarz«, wenn die Suppe mit Wasser zubereitet und geschmälzt wird. Um neun Uhr wird Brot und Most mit dem unvermeidlichen Schnaps gevespert. Ganz ähnlich ist das Vesper nachmittags. Um elf Uhr wird zum Mittagessen »geläutet«. Dieses, von der »Frau« oder einer Tochter mit Beihilfe der großen Magd zubereitet, besteht großenteils aus Kraut mit Speck (d.h. geräuchertem Schweinefleisch) und Spatzen; Kartoffeln, Riebelen, Habermus, aller Arten Gemüse; Gebackenes; auch frisches Fleisch, Rindfleisch ist häufig. Früher, so lange man vom Verkehr mit der Welt ausgeschlossen war, meinte man, auf dem Schwarzwald wachsen keine Gemüse, allein angestellte Versuche zeigten bald, dass diese auch hier geraten, und so sieht man in den Gärten die verschiedensten Arten von Gemüsen, vom Monatrettig bis zum Blumenkohl, auch allerlei Rübenarten fehlen nicht. Sommers bilden der Salat und die Bohnen das Hauptnahrungsmittel. Das Nachtessen besteht aus Suppe, saurer Milch und Kartoffeln.

Die »Herrschaft« nährt sich ganz wie die in den bessern Häusern der Stadt. Im Frühling kauft man die ersten Frühgemüse, die im Handel von Straßburg und Umgegend gebracht werden. Fleisch kommt immer auf den Mittagstisch. Doch ist Kraut und Speck eine Lieblingsspeise geblieben. Nachmittags wie morgens Kaffee. Verächter von Wein und Bier gibt es nicht. Wein haben die Wohlhabenden im eigenen Keller, auch Bier halten sich viele im Hause.

Einfacher ist natürlich die Nahrung der kleineren Leute, welche die Arbeit in den Staatswaldungen zusammen mit der Feldarbeit kümmerlich nährt: morgens Wassersuppe, Milchsuppe, Habersuppe, auch Haberbrei und zum Teil das sogenannte Holzmus, was andere Schwaben Eierhaber nennen. Die Waldarbeiter nehmen, wenn sie nicht zu weit zu gehen haben, ihr Mittagessen mit: Schwarzbrot, Speck, wer's hat, und Branntwein, auch Milch. Sind sie in der Nähe beschäftigt, so wird ihnen das Mittagessen hinausgetragen: ziemlich große Spätzlen in irgendeiner Brühe, oder Kartoffelschnitze, Kraut, Bohnen. Die mittleren Leute essen vielleicht ein bis zwei Mal in der Woche Fleisch, außer wenn sie eigenes geräuchertes Fleisch haben, was nur den kleineren Teil des Jahres der Fall ist. In den letzten Jahren haben manche wochenlang kein Fleisch zu essen bekommen. Mehl-, Eier- und Milchspeisen sind das weit Überwiegende. Früher war noch mehr als jetzt die Sitte, dass bei keiner Mahlzeit, morgens mittags und abends, Milch fehlen durfte, süß oder sauer, aus der Schüssel gegessen, selbst hinter dem Sauerkraut. Zu Hause wird fast nur Most getrunken und Branntwein; im Wirtshaus ebenfalls viel Most, etwas mehr Bier und aus Gründen wenig Wein; beim Most und Bier darf Branntwein als Bindemittel selten fehlen. Branntwein allein wird nicht sehr häufig genossen.

Im Hallischen und Hohenlohischen

Im Hallischen und Hohenlohischen isst der wohlhabende Bauer im Winter viel Fleisch. Um Martini wird ein Rind oder eine gemästete Kuh geschlachtet und das Fleisch eingepökelt, im Februar geht es an die Schweine, deren Fleisch für den Sommer geräuchert wird. Doch werden im Sommer hauptsächlich Milch, Eier und Mehlspeisen, Ernteküchlein, Waffeln, Äpfelküchlein, »Gemockeltes« (Eierhaber) genossen. Vor und nach den drei Hauptmahlzeiten wird von der »großen Magd« oder einem Glied der Familie gebetet. Der »große Knecht« nimmt in einzelnen Häusern zuerst den Schopflöffel und teilt auch das Brot aus. Suppe und Milch werden in der Regel ohne Teller, unmittelbar aus der Schüssel gegessen.

Als Getränke dient, seit in den letzten Jahrzehnten die Obstbaumzucht sich bedeutend gehoben hat, hauptsächlich der Äpfelmost, mit Branntwein in den strengsten Arbeitszeiten, teilweise auch ein aus der »Hauszwetschge« bereitetes Getränke. Der Speisezettel zur Hochzeit eines größern hällischen Bauern ist folgender: Vor dem Kirchgang: Frühsuppe, Reissuppe, 1 Pfund Rindfleisch an einem Stück für jeden Gast; Zubehörden: saure Gurken, rote Rüben, Meerrettig. Nach der Trauung: Nudelsuppe; Voressen: saure Brühe, in welche Kutteln und sonstige Eingeweideteile geschnitten sind, 1½ Pfund Rindfleisch samt Zubehör, 1½ Pfund Schweinefleisch, Blutwurst und Sauerkraut. Pause. Knöpflessuppe, 1½ Pfund Schweine- oder Kalbsbraten, Brat- oder Leberwurst und Salat. Zu jedem Gang frische Salzbrote, Wein nach Belieben, für die Liebhaber auch Bier. Die Speisen werden in großen Zwischenräumen aufgetragen, und spät in der Nacht folgt dann noch Kaffee. Die großen Fleischmassen kann natürlich kein Gast annähernd bewältigen, deswegen wird nach den betreffenden Gängen Papier ausgeteilt, in welches die Gäste die Überreste einwickeln und in gewöhnlich dazu mitgebrachten Säckchen unterbringen, um sie mit nach Hause zu nehmen.

Bruno Stehle

Hohenzollern – Menschenschlag, Nahrung, Krankheiten

Die Nahrung unserer Landsleute ist in den einzelnen Gegenden verschieden, auch nicht in allen Jahren dieselbe, richtet sich vielmehr nach der reichen oder mageren Ernte. Wenn wir im Folgenden die Nahrungsverhältnisse schildern, so nehmen wir im Voraus die Stadtbevölkerung, zumal die wohlhabendere aus, da ihr infolge der besseren Verkehrsmittel und des ausgedehnten Handels auch eine größere Abwechslung ermöglicht ist.

Die reichlichste und beste Nahrung nimmt der Oberschwabe zu sich, da in der fruchtbareren Molassegegend das Erträgnis der Felder um ein Doppeltes das der rauen Alb übersteigt. Er isst wie die ganze Bevölkerung fünf Mal des Tages: morgens, zwischen neun und zehn (Neunebrot), mittags, zwischen drei und vier Uhr (Dreibrot) und abends. Um neun und drei Uhr wird meist Milch oder Bier, selten Kaffee getrunken, dieser wird vielfach als Abendmahlzeit (die Schüssel voll mit Brot gebrockt) »gegessen«. In Oberschwaben kommt wohl alle Tage Fleisch – meist Schweinefleisch – auf den Tisch, bei angestrengter Arbeit wohl mehrmals des

Tages. Wie ganz anders auf der rauen Alb, wo wöchentlich nur zwei Mal Schweinfleisch gegessen wird. Ein Schwein, im Herbst geschlachtet, muss den Fleischbedarf für das ganze Jahr decken. Ja in einzelnen Gemeinden auf der Alb erlabt man sich nur an Sonn- und Feiertagen an diesem leckeren Gericht. In Bärental, das wir schon als armes Dorf kennengelernt haben, sehen die meisten Leute das ganze Jahr hindurch kein Fleisch in ihrem Topf. Dass der Schnapskonsum bei der angestrengten Arbeit im Felde, im Walde, im Steinbruch neben schlechter Kost ein großer ist in diesem Orte, kann nicht auffallen. Im Unterland wird Fleisch gewöhnlich drei Mal in der Woche (Dienstag, Donnerstag, Sonntag) genossen. Die Hauptnahrung bilden Mehlspeisen (Knepfle), Habermus, und solche, die aus Milch und Mehl gekocht werden. Neben Kartoffeln ist Sauerkraut das hauptsächlichste Gemüs; erstere werden schon morgens früh geröstet zum Kaffee als Ersatz des Brotes, mittags gedämpft und abends gesotten. Das gesunde Schwarzbrot ist ein Gemisch von Kernen (Dinkel) und Roggen; nur auf der Alb (Benzingen, Harthausen, Neufra) ist es besonders rau, da es aus Linsengersten (gemahlene Linsen und Gersten) gebacken wird. Das Brot wird trocken verzehrt, nicht mit Butter u. ä. bestrichen; doch ist es als ein wahres Glück anzusehen, dass auf dem Lande wenig Butter bereitet wird, da diese in den Haushaltungen nicht selbst verbraucht, sondern als leichtverkäuflicher Artikel auf den Markt wandern würde. So genießt unsere bäuerliche Bevölkerung bei ihrem sonst kärglichen Unterhalte doch eine gesunde, kräftige, nährstoffenthaltende Milch. […]

Auf der Alb wird in denjenigen Dörfern, die an Wassermangel leiden, für den Hausgebrauch von jedem Bürger Weißbier im Waschkessel gesotten. Most oder Apfelwein wird im Oberland, das seinen Obstbedarf aus der Bodenseegegend bezieht, und im Unterland, das seinen Bedarf selbst deckt, hauptsächlich getrunken. Der (Trauben-)Wein, aus Baden und Württemberg bezogen, verbindet mit hohem Preis eine geringe Qualität.

Bei der geschilderten einfachen Lebensweise, den primitiven Nahrungsverhältnissen, der angestrengten Tätigkeit sind die Bewohner kräftig und gesund und kennen eine Anzahl von Krankheiten nicht, welche großen Städten oder Fabrikgegenden eigentümlich sind. […] Bekannt ist, dass bei uns sehr viele kleine Kinder unter einem Jahr infolge falscher Nahrung sterben, da der Magen des kleinen Säuglings möglichst früh mit einem pappähnlichen Gebräu verkleistert wird.

Aus den Oberamtsbeschreibungen

Oberamt Freudenstadt 1858

Die Lebensweise der Bevölkerung ist im Allgemeinen eine sehr einfache. Die Hauptnahrung der unteren Klassen, insbesondere der Taglöhner und Holzhauer, bilden Kartoffeln, Mehl- und Milchspeisen und selbstgebaute Gemüse. Ihre Mahlzeiten bestehen in der Regel nur aus einem oder zwei Gerichten. Sie genießen nur ausnahmsweise Fleisch oder Kaffee. Die Gewerbetreibenden und der bemitteltere Teil der Landwirtschaft treibenden Einwohner dagegen ist an den täglichen Genuss von Fleisch und Kaffee gewöhnt. Der Besuch der Wirtshäuser ist im Ganzen ein mäßiger, Auch kommen Exzesse im Trinken nicht häufiger als in anderen Gegenden vor. Von spirituösen Getränken steht bei den niederen Klassen der Branntwein obenan. Derselbe äußert auch nicht selten seine nachteiligen Wirkungen auf die Gesundheit. Doch ist in neuerer Zeit sein Gebrauch durch das Bier, das von Jahr zu Jahr mehr in Aufnahme kommt, glücklicherweise bedeutend beschränkt worden. Die vermöglichen Klassen halten sich vorzugsweise an Bier und Wein. Obstmost wird, da die Obstproduktion im Bezirke selbst mit Ausnahme weniger Orte unbedeutend ist, nur in obstreicheren Jahren und auch in diesen nicht in der Ausdehnung wie Wein und Bier getrunken. [...]

Eine allgemeine Sitte ist das Zutrinken in den Wirtshäusern, wobei die Nichtannahme des mit dem Ausdruck »Trink auch« oder »Will Dir's gebracht haben« angebotenen Glases als Zeichen einer unfreundlichen Gesinnung oder unter Umständen selbst als Beleidigung angesehen wird.

Oberamt Reutlingen 1893

Die Ernährungs- und Lebensweise der Städter sowie der Einwohner der größeren Industrieorte ist fast durchweg eine gute; der Fleischkonsum ist groß, ebenso der Genuss von geistigen Getränken; von Letzteren wird in erster Linie Bier, aber auch Obstmost und Wein getrunken. Wer es halbwegs machen kann, legt sich im Herbst einen »Haustrunk« ein. Branntweingenuss ist im ganzen Bezirk von geringer Bedeutung.

Als besonderer Leckerbissen gelten die Reutlinger Pasteten, die bei keiner festlichen Veranlassung der alten Reutlinger fehlen dürfen, ferner sind noch zu erwähnen als besondere Bäckereien die »Mutscheln« und »Sterne«, der »Kraut- und Zwiebelkuchen«, sowie die »Kümicher«, ein rundes, weißes Kümichbrot, früher

Tand oder Kümichtand genannt, welches die Reutlinger Bäcker besonders schmackhaft zuzubereiten verstehen. In den ländlichen Gemeinden ist die Ernährungsweise sehr einfach, ja z.T. kärglich. Sie ist fast rein pflanzlich, Fleisch ist ein Luxusartikel und kommt in manchen Familien wochenlang nicht auf den Tisch. Die Hauptnahrung besteht in Kartoffeln, von welchen oft unglaubliche Mengen vertilgt werden, in Mehlspeisen (Spatzen), Gemüsen und Hülsenfrüchten und im Sommer in grünem Salat. Daneben wird viel Milch und Kaffee getrunken, Letzterer ist überall eingedrungen und wird nicht nur als Frühstück genossen, sondern häufig auch als Abendessen, gewöhnlich mit Kartoffeln zusammen. Die Morgensuppe oder der sehr nahrhafte schwarze Brei (Musmehlbrei) sind fast gänzlich verdrängt. Die Qualität des Kaffees ist meist eine sehr fragliche, es werden dazu mehr Surrogate als Kaffeebohnen verwendet. Ein solches Surrogat wird z.B. hergestellt aus Würfeln von Zuckerrüben und Gelbrüben, die auf dem Ofen gedörrt, dann gemahlen und in Verbindung mit einem Minimum wirklichen Kaffeemehles aufgekocht werden. Der vermöglichere Bauer schlachtet im Winter 1–2 Schweine, bei welcher Gelegenheit »Metzelsuppe« gehalten wird; in einigen Gemeinden herrscht dabei die Sitte, dass nachmittags die Kinder von Verwandten und Bekannten dazu eingeladen und mit Fleisch, Wurst, Sauerkraut und Spatzen traktiert werden; Teller und Löffel müssen sie aber selbst mitbringen.

Eine große Rolle besonders bei der körperlich strenger arbeitenden Bevölkerung spielt das Vesperbrot, zu welchem stets getrunken wird, Bier oder Most, und welches oft reichlicher ausfällt als die Hauptmahlzeit. Der Genuss von Obstmost verbreitet sich überhaupt immer mehr auch in den nicht selbst Obstbau treibenden Gemeinden der Alb, jedoch nur als Haustrunk, im Wirtshaus wird nur Bier, selten Wein getrunken.

An dieser Stelle mag noch der Kinderernährung im Besonderen gedacht werden. Nach den Aufzeichnungen in den Hebammentagbüchern wurden in den Jahren 1876–1885 von 13 560 neugeborenen Kindern 10 943 oder 80,70 % gestillt und zwar von 5298 in der Stadt Reutlingen geborenen 3863 = 72,91 % und von 8262 im Bezirk geborenen 7080 = 85,68 %. Dies wäre an und für sich ein sehr günstiges Prozentverhältnis, aber darüber, wie lange gestillt wurde, fehlt jeder Anhaltspunkt. Diese Zahlen sagen uns nur, dass 80,70 der Mütter den Versuch gemacht haben, zu stillen. Die allgemeine Erfahrung lehrt, dass das Stillen häufig schon nach 2–3 Wochen aufgegeben wird und dass statt und neben der Mutterbrust den Kindern noch allerlei andere, häufig recht unzweckmäßige Nahrungsmittel gereicht werden, zum Teil in der Meinung, dass ein Kind bei flüssiger Nahrung allein unmöglich satt werden und gedeihen könne. Wenn es auch bei einem Teil der Bevölkerung den Bemühungen der Ärzte gelungen ist, eine einigermaßen rationelle Ernährung der Kinder durchzuführen, so bleibt doch immer noch ein mindestens gleich großer Teil unter allen Ständen in Stadt und Land übrig, welcher sich gegen alle Belehrung ablehnend verhält. Es werden eben die Kinder nach alter Sitte von der ersten Lebenswoche an mit Mehlbrei gestoppt, der der Bequemlichkeit halber auf einen ganzen Tag vorausgekocht wird; andere Kinder bekommen dicke Suppen von Milchbrot, Blechwecken und gewöhnlichen Wecken, und als günstig ist es schon zu bezeichnen, wenn ein neugeborenes Kind wenigstens mit unverdünnter Kuhmilch ernährt wird.

Das Raisonnement der Mütter, wenn sie darüber zur Rede gestellt werden, ist überall dasselbe: bisher sind die Kinder bei dieser Nahrung gediehen, also kann sie nicht schädlich sein. Die gestorbenen Kinder werden nämlich gar nicht in Betracht gezogen, und wenn ein kleines Kind infolge unzweckmäßiger Nahrung erkrankt, so sind entweder »die Gichter« oder »das Zahnen« schuld; an die wirkliche Ursache denkt niemand.

Eine weitere Unsitte in der Kinderpflege besteht in der ausgedehnten Anwendung des »Schlotzers«, der auf dem Lande noch überall angetroffen wird und, wie die Leute sagen, »eine Kindermagd erspart«. Aber bei den Kindern wird betreffs der Ernährung nicht nur in den ersten Lebensmonaten gesündigt, sondern auch in späterer Zeit; viel zu früh lässt man sie am gemeinschaftlichen Tische alles mitessen, was da aufgetragen wird, die schwerverdaulichen Speisen, besonders Kartoffeln;

viel zu frühe werden sie an den Genuss alkoholischer Getränke gewöhnt, und die Folgen können natürlich nicht ausbleiben.

Oberamt Aalen 1854

Was die Nahrung betrifft, so begegnen sich Stadt und Land in ihrer Liebe zu Mehlspeisen, besonders »Nudeln«, d.h. Dampfnudeln, im Unterschiede von »geschnittenen Nudeln«. Eine eigentümliche Speise in Aalen sind die Grosknöpfe von einem besonderen »Grosmehl«, sehr feinem Griesmehl. Das ist die herrschende Speise am Sonntag und »ge Naacht«-Kuchen zu Kaffee, der überhaupt eine immer größere Verbreitung auch auf dem Lande findet.

Andere eigentümliche Speisen, besonders auf dem Lande, z. B. in Wasseralfingen sehr beliebt, sind z. B. der »Sperrknecht«, ein dicker gewörgelter Teig, in einer Kachel mit Butter aufgezogen, und ein Süßbrühfleisch, d.h. Ochsenfleisch in einer Sauce aus Wein, Zucker und Zibelen, besonders bei Hochzeiten gebräuchlich. Süßigkeiten gelten überhaupt viel, weswegen auch zahlreiche Konditoren zu Aalen ihre Nahrung finden. Zumal Kinder werden reichlich mit solchen beschenkt und für besondere Gelegenheiten sind immer s.g. »Gucken« vorrätig, d.h. längliche, gewickelte Düten verschiedener Größe mit Zuckerwaren; beim Kinderfest in Aalen werden solche in großer Anzahl verschenkt.

Eigentümlich ist auf dem Lande auch die große Geltung des Safrans, mit welchem Nudelsuppen, Knollenkuchen u. dgl. notwendig müssen gefärbt sein, wenn sie preiswürdig sein sollen.

Die Bauern essen fast das ganze Jahr hindurch zu Klößen ihr Kraut, zu welchem im Winter ein Schwein geschlachtet wird; dagegen holt man selten Fleisch vom Metzger.

Natürlich bilden auch Milch, zumal saure Milch, und Erdbirnen eine sehr gewöhnliche Speise, besonders bei Ärmeren. Übrigens pflegen Landleute saure Milch nur des Nachmittags zu genießen, zum Nachtessen aber eine süße. Erdbirnen galten vor nicht gar langer Zeit in manchen Familien und Haushaltungen eigentlich bloß als Viehfutter, sind aber überall siegreich durchgedrungen.

Herrschendes Getränke ist weißes und braunes Bier, der teure Wein bloß bei festlichen Gelegenheiten; Most ist sehr selten, da die Obstkultur wenig bedeutet; dagegen ist die Verbreitung des Kaffees schon erwähnt, der von den Bauern einiger Gegenden auch in Wirtshäusern halbmaß-, selbst maßweise bestellt und getrunken wird. Das weiße Bier ist in gar manchen Haushaltungen, z. B. in Wasseralfingen, fast wie das Wasser gehalten. Von Zeit zu Zeit wird ein Fässchen gekauft und aufgelegt, wo dann jeder Hausgenosse nach Durst sich heranlässt.

Der Branntweingenuss ist leider auch sehr verbreitet und die Folge davon ist manchmal delirium tremens.

Ein besonders für Kinder zur Osterzeit früher gewöhnlich in Aalen bereitetes Getränk war Meth.

Oberamt Wangen 1841

Im Ganzen muss man anerkennen, dass die Bewohner dieser Gegend sich viele natürliche Tugenden bewahrt haben, und wenn auch zuweilen noch ziemlich roh, doch gerade offen, gegen Fremde gefällig, und in ihren Versprechungen zuverlässig sind. Ihre Lebensart ist einfach, Trunkenheit selten, namentlich das Branntweintrinken seltener als man häufig behauptet. Dagegen sind die Bauern recht starke Esser, nicht selten zum Nachteil ihrer Gesundheit. Die gewöhnliche Nahrung sind auf dem Lande Mehl- und Pflanzenspeisen; nur den Winter über verzehrt der Bauer sein selbstgeschlachtetes und eingesalzenes oder geräuchertes Rindfleisch. Rührig und geschäftig ist der Allgäuer Landmann, wie überhaupt der Oberschwabe nur zur Zeit der Feldgeschäfte, und lebt desto gemächlicher, wenn diese abgetan sind. Im Ganzen haushälterisch, liebt er doch bei festlichen Gelegenheiten, etwas aufgehen zu lassen und seine Wohlhabenheit an den Tag zu legen. Veranlassung hiezu bieten die zahlreichen großen Hochzeiten und sogenannten Hochzeitsschenken. Zu den häuslichen Festen, welche Küche und Keller am meisten in Anspruch nehmen, gehört die in diesem Bezirk besonders übliche sogenannte Flegelhenke, welche der Bauer mit seinen

Hausgenossen feiert, wenn alle eingeernteten Früchte ausgedroschen sind und die Dreschflegel bis zum nächsten Jahre aufgehängt werden.

Abschiedsmahl

Heinrich Höhn

Der Leichenschmaus

Nun beginnt der »Leichenschmaus«, häufiger wohl »Leiche(n)- (oder Leich-)trunk (allgemein) geheißen. Andere Namen sind »Leichenzehrung« (Merklingen-Blaubeuren), »Leichzech(e)« (OA. Hall), »Leidtrunk« (Reutlingen), »Mahl« (Reichenbach-Saulgau), früher auch »Leichtesse(n)« (OA. Riedlingen). Der Leichenschmaus findet teils im Wirtshaus, teils im Leichenhaus statt, und zwar ist Letzteres in gewissen Teilen Altwürttembergs Sitte [...].

Zum Leichentrunk wird teilweise schon bei dem Ansagen der Leiche geladen. Manchmal besorgt dies der Totengräber (öfter im Oberamt Blaubeuren), der Polizeidiener (Lehr-Ulm) oder die Leichensägerinnen (Oberrot-Gaildorf) nach der Kirche oder vor dem offenen Grab. Der Totengräber ladet in Erstetten (Blaubeuren) mit den Worten ein: »D(i)e fremde Leut' sind ei(n)g(e)lade(n) ins Trauerhaus«. Auch sonst erfolgt die Einladung vor der Kirchtüre, in Wört (Ellwangen) durch die Hinterbliebenen. [...] Teils vor der Leiche, teils nach derselben geschieht die Einladung in Steinkirchen (Künzelsau). Am Leichenschmaus muss man teilnehmen, wenn man eingeladen ist. Sich ihm zu entziehen, gilt beinahe als persönliche Beleidigung (OA. Freudenstadt, Bartenbach-Backnang).

Die Teilnahme am Leichenschmaus ist recht verschieden. Es werden immer weniger Leute dazu eingeladen. Alle Teilnehmer am Leichenbegängnis beteiligen sich am Leichentrunk noch besonders in Franken, wenn auch nicht mehr überall, ferner vielfach in den Oberämtern Laupheim, Blaubeuren, Ulm, Geislingen; im Oberamt Ulm ist dies teilweise nur bei einem verstorbenen Großbauern oder einer Großbäuerin der Fall. Vereinzelt gelten alle als zum Leichenschmaus geladen, denen zur Leiche gesagt wurde (Untersontheim-Hall). Öfter kommen alle erwachsenen Dorfbewohner (Brettenfeld und früher Gammesfeld, OA. Gerabronn). Es sind manchmal mehr Leute als bei einer Hochzeit (früher Talheim-Heilbronn), in Hassfelden (Hall) oft über 80. In Franken nahmen früher auch Pfarrer und Lehrer teil (teilweise auch im Schwäbischen), heute meist nicht mehr. Bei Ärmeren fand übrigens auch im Fränkischen teilweise schon früher kein eigentlicher Leichenschmaus statt; in Onolzheim (Crailsheim) z. B. gingen da die Teilnehmer nach Schluss der Kirche nach Hause und nur die Träger und Allernächsten wurden im Haus bewirtet. Es kam vor, dass die Leute, nachdem sie kurze Zeit am Leichtrunk teilgenommen hatten, heimgingen, ihre besseren Kleider mit anderen tauschten und dann wieder kamen (Onolzheim-Crailsheim). Überall da, wo der Leichentrunk im Haus stattfindet, erscheinen meist nur die nächsten Verwandten und etwa die Träger und Totengräber, auch der Mesner (Dietenheim-Laupheim) und in katholischen Orten die Ministranten (ebenda). Die Paten und Patenkinder sind besonders erwähnt in Stetten (Laupheim). Sehr häufig ist die Teilnahme der Auswärtigen hervorgehoben, öfter sind sie allein als Teilnehmer genannt (in Orten der Oberämter Blaubeuren, Aalen, Rottenburg, Tübingen, Urach). Die Träger kommen teilweise erst abends zum Trunk (Biberach-Heilbronn). In Bürg (Neckarsulm) gehen die Angehörigen nach der Leiche zum Leichenschmaus; zu dem Essen, das abends den Versammelten noch angeboten wird, werden auch die Träger eingeladen. […] Die Reicheren, welche die Ehre der Familie wahren wollen, halten oft noch etwas auf einen ordentlichen Leichentrunk, während die Ärmeren wenig danach fragen (Wippingen-Ulm). Stirbt ein Reiches, so heißt es deshalb: »(E)s gi(b)t (ein)en fröhliche(n) Leichtrunk (früher Onolzheim-Crailsheim) oder »Wecktag« (Honhardt-Crailsheim), nach den Wecken, welche dabei verabreicht werden.

Vielfach ist, namentlich bei Reicheren, ein förmliches warmes Essen üblich […]. Es besteht meist aus Suppe, besonders Nudelsuppe, und Fleisch, namentlich Rindfleisch mit Beilagen, häufig Meerrettich, aber auch aus gesottenem Schweinefleisch (Untersontheim-Hall), Braten und Salat (Lehr-Ulm, Ellhofen-Weinsberg),

Krautsalat, Sauerkraut (Lehr-Ulm). Auch Bratwürste (Hausen o. L., OA. Heidenheim), warme Würste (Reichenbach-Saulgau) werden gereicht. Wie groß der Aufwand sein kann, sieht man aus einer Angabe aus Hausen o. L. (Heidenheim), wo Leichenschmäuse vorkommen, an denen 1 Zentner Rindfleisch und 200 Paar Bratwürste verzehrt werden. Zu dem Essen wird Brot und Wein oder Bier aufgetragen (so gewöhnlich), öfter dazu noch Kaffee und Käse (z. B. Dünsbach-Gerabronn). Häufig ist in ein und demselben Ort beides üblich, ein förmliches Mittagessen oder nur ein Vesper. »Warm(e)s« oder »Kalt(e)s« […], bei Vermöglichen Wein und Fleisch, bei Ärmeren Bier, Käs und Weißbrot. Man erinnert sich teilweise noch, dass früher ein förmliches Essen gegeben worden sei, während man sich jetzt mit kalten Speisen begnügt, so in Nellingen (Blaubeuren), wo heute Bier, Branntwein, Käs und Brot »gezecht« wird. Ähnlich wie hier wird der Leichentrunk fast überall gereicht, besonders der »Käs« ist meist genannt, teils Backstein-, teils Schweizerkäs, daneben auch Wurst, Wein, Most, heute meist auch Bier, und Weißbrot. Vielfach gibt's auch Kaffee, oft vor dem Trank, besonders für die Weiber. Nach den Landschaften sind beim Brot eigentümliche Gebäcke üblich; meist wird es gewöhnliches weißes Brot sein, in Denkendorf (Esslingen) »dicker Kuchen«, häufig werden Wecken gereicht (OA. Ulm, Heidenheim, Geislingen), die »Leiche(n) (Leicht-)weck(en)« in den Oberämtern Crailsheim, Künzelsau, Mergentheim (sie sind mit Kümmel und Salz bestreut und werden vom Bäcker gebacken, Letzteres Onolzheim-Crailsheim), auch Kümmella(i)ble(in)« genannt (OA. Crailsheim), in Untersontheim (Hall) die »Sterbeweckele(in)«, ebenfalls Kümmelwecken, »Leiche(n)laible(in)«, ein rundes Gebäck im Wert von 12 Pfennig, das sonst nie gebacken wird, in Untersteinbach und Gnadental (Öhringen) und in Talheim (Hall), die »Salze(n)la(i)ble(n)« (große runde Salzwecken in Crispenhofen (Künzelsau) und Zweiflingen (Öhringen).

Es ist vielfach genau bestimmt, was ein Gast, namentlich wenn der Leichentrunk im Wirtshaus stattfindet, an Essen und Trinken erhält. In den Oberämtern Ulm (Bissingen und Ettlenschieß) und Heidenheim (Heuchlingen) bekommt jeder Käs oder 2 Bratwürste, 2 Wecken und 2 Glas Bier. Was darüber verzehrt wird, geht auf eigene Rechnung. An jedem Platz befindet sich in Untersteinbach (Öhringen) 1 Schoppen Wein, 1 Teller mit Besteck und ein Leichenlaiblein; verschiedene Platten Backsteinkäs stehen auf dem Tisch herum. Öfter wird von den Angehörigen des Verstorbenen mit dem Wirt ausgemacht, für wie viel Geld jeder auf ihre Kosten verzehren darf (z.B. auch Hermaringen-Heidenheim), 30 oder 40 Pfennig in Nadelstetten (Blaubeuren), 40–50 Pfennig in Temmenhausen (Blaubeuren), bei reicheren Leuten auch mehr. In Onolzheim (Crailsheim) erhielt früher jeder Teilnehmer Bier und 2 »Weck(en)«.

Das Bier wurde aus »Kante(n)« (Kannen) eingeschenkt. Es wurde auch Käs aufgewartet, bei geringeren Leuten aber nur Auswärtigen und erst, wenn die Einheimischen fort warn. Bei Reichen wurde statt des Bieres Wein gereicht (Onolzheim und Honhardt, OA. Crailsheim). Der Käs ist in Hellershof (Gaildorf) in Würfel geschnitten und wird aus einem gemeinsamen Teller mit der Gabel gegessen.

Bei den Katholiken wird am Schluss der Mahlzeit gebetet. Dabei hat der Wirt die Führung. Wenn das Bierfass leer zu werden beginnt (Reichenbach-Saulgau), stellt er feierlich ein Kruzifix und zwei Wachskerzen auf den Tisch und beginnt die heiligen fünf Wunden (ein Gebet, in welchem auf die fünf Wunden Jesu, an Händen, Füßen und an der Seite Bezug genommen ist) zu beten. Alles betet stehend mit, worauf die Mehrzahl der Gäste sich entfernt (ebenda, ähnlich Ellwangen-Leutkirch). Teilweise werden fünf Vaterunser und der Glaube für das Entschlafene und noch ein Vaterunser für das nächste Sterbende (Wangen-Stadt, Pfrungen-Saulgau) gebetet. Die nächsten Angehörigen begeben sich in Reichenbach (Saulgau) noch in das andere vorhandene Wirtshaus, um auch hier den Verstorbenen zu betrauern. Bei den Katholiken findet übrigens nicht bloß am Tag der Beerdigung, sondern auch nach den übrigen noch folgenden Leichengottesdiensten ein Leichtrunk statt (Berkheim-Leutkirch).

Beim Aufbruch erhalten die Gäste noch Brot mit,

so besonders in Franken und in den Oberämtern Ellwangen und Waiblingen, einen Wecken (Leutershausen-Crailsheim), ein »Pärle(in) Weck(en)« (Zweiflingen-Öhringen), ein Kümmellaiblein und zwei Wecken (Amlishagen-Gerabronn), ein Paar Wecken oder ein Salze(n)laible(in) (Crispenhofen-Crailsheim), 2 Salze(n)laible(in) (Hassfelden und Talheim, OA. Hall), 2 Leiche(n)laible(in) (Untersteinbach-Öhringen), einen »Stollen«, d. h. ein langes Laibchen Brot, das vom Bäcker für diesen Zweck gebacken wird, auch dicken Kuchen (Bürg-Neckarsulm), ein Stück weißen Kuchen und Käs (Nettersburg-Waiblingen). Die Gäste bringen für diese Mitgaben ein weißes leinenes Tüchlein mit (ebenda, Untersteinbach-Öhringen); man nennt den Pack das »Bündele(in)« (Wört-Ellwangen). Manchmal (Bürg-Neckarsulm) ist betont, dass die Träger das Geschenk erhalten, in Onolzheim und Honhardt (Crailsheim) einen »Leichtwecke(n)«. Früher kam es auch vor, dass von den Gästen heimlich von dem Essen eingeschoben wurde. Im Oberamt Mergentheim gehen die fernerstehenden Leute aus dem Ort, welche an der Leiche teilgenommen haben, nach Hause; ihnen werden dann die »Leichtwecken« und der Leichtkaffee, von welchen bei einer Leiche immerhin für 50–60 Mark und mehr verteilt wird, ins Haus geschickt. Auch die Armen werden reichlich bedacht vom Leichenschmaus (Münchingen-Leonberg).

Das Leichenmahl dauer 2–3 Stunden (Reichenbach-

Saulgau), doch z. B. in Wört (Ellwangen) selten länger als eine Stunde. Dem Alkohol wurde besonders früher oft übermäßig zugesprochen und nicht selten ertönten am Schluss heitere Weisen. Dies war auch der Grund zu ihrer an vielen Orten, namentlich durch die Pfarrer erfolgten Abschaffung.

Die Leidtragenden verabschieden sich von den Gästen mit den Worten: »Wir danke(n), dass ihr uns die Ehr(e) an(ge)tan h(ab)ent« (Zweiflingen-Öhringen), oder: »I(ch) dank(e) schö(n) für die Ehr(e), dass ihr au(ch) mit der Leicht (ge)gange(n) sind für mei(ne)m Mann« (oder ähnlich, Onolzheim-Crailsheim). Heute bedankt sich da, wo der Leichenschmaus abgegangen ist, auf Wunsch der Angehörigen der Pfarrer bei dem Leichengottesdienst von der Kanzel aus für den Leichtgang und die Besuche während des Krankenlagers (OA. Crailsheim, Hall, Gerabronn).

Ausgetragen wird oft, so besonders an Arme (Gündelbach-Maulbronn, Münchingen-Leonberg), und zwar Wein und Kuchen im Oberamt Heilbronn, außerdem an Verwandte, z. B. Wein und Weißbrot in Neuffen (Nürtingen), an Bekannte, welche dem Verstorbenen etwas Gutes getan haben, Kaffee, Käs und dicker Kuchen in Meimsheim (Brackenheim). Manchmal wird im ganzen Ort ausgeschickt, so Bier, Käs, und Weißbrot in Merklingen (Blaubeuren). In Franken wird teilweise auch noch dem Pfarrer vom Leichenschmaus gesandt (z. B. Honhardt-Crailsheim, ob heute noch?). Erst am

Tag nach der Leiche wird, was vom Leichenschmaus übrig geblieben ist, in Hochdorf (Vaihingen) an Verwandte und Arme ausgetragen. Sogar nach auswärts wird manchmal weißes Brot gesandt (Hermaringen-Heidenheim). Starb ein Weingärtner, so wurde früher in Langenbeutingen (Öhringen) von den Hinterbliebenen ein »Eimerle(in)« Wein aufs Rathaus geschickt, der dann vom Gemeinderat getrunken wurde.

Die Großartigkeit und damit auch die Kosten des Leichtrunks richten sich nach dem Vermögensstand oder dem Ansehen der Hinterbliebenen oder des Verstorbenen; nicht gespart wird, wenn keine Kinder vorhanden sind. Er kann immerhin, wenn er üppig gegeben wird, auf mehrere Hundert Mark zu stehen kommen. Im Oberamt Welzheim kostete ein zu Ehren eines verstorbenen reichen Bauern veranstalteter Leichentrunk im Jahr 1893 800 Mark.

Zum Schluss sei noch einiger »Glaube« erwähnt, der mit dem Leichenschmaus in Beziehung steht. Man soll für ihn nicht mehr Wein hinrichten als vermutlich getrunken wird; denn was übrig bleibt, verdirbt in kurzer Zeit (Erligheim-Besigheim). Das »Salzlaible(in)«, das im Oberamt Öhringen als Leichengebäck gereicht wird, muss ganz gegessen werden (Zweiflingen-Öhringen); es ist übrigens auch ein Mittel gegen Zahnweh (ebenda).

Autoren und Nachweise

Auerbach, Berthold (1812–1882). Der vielgelesene Autor der »Schwarzwälder Dorfgeschichten« erlebte seine Kindheit in Nordstetten bei Horb in der Welt eines schwäbischen Judendorfes. Dies prägte gleichermaßen Lebensgang wie literarisches Wirken. Sein Selbstverständnis beschrieb er pointiert: »Ich bin ein Deutscher und was anders könnte ich nicht sein, ich bin ein Schwab' und was anders möchte ich nicht sein, ich bin ein Jude und das hat die richtige Mischung gegeben.« Als Jugendlicher besuchte Auerbach die Talmudschule in Hechingen und studierte danach Jura, Theologie, Philosophie und Geschichte in Tübingen, München und Heidelberg. Das Anliegen des Liberalen war die Volksbildung, seine Sprache die der belehrenden Unterhaltung. In seinen letzten Lebensjahren litt er unter dem nach der Reichsgründung aufkeimenden Antisemitismus. Die Erinnerungen an seine Kindheit schrieb er kurz vor seinem Tode nieder. Sie wurden 1907 von Anton Bettelheim veröffentlicht in »Berthold Auerbach. Der Mann, sein Werk, sein Nachlass«.

Bischoff-Luithlen, Angelika (1911–1981). Als Witwe des Malers Eugen Bischoff lebte sie mit ihren Kindern in Oberschwaben und auf der Schwäbischen Alb. 1958 gab der Schwäbische Albverein ihren Erstling »Von Land und Leuten der Alb« heraus, der 2001 neu aufgelegt wurde und in dem sie akribisch die Nahrungsgewohnheiten der Älbler in der Zeit der Nachkriegsmodernisierung beschrieb. In den 1960er Jahren studierte sie Volkskunde in Tübingen. Danach betreute die Chronistin der dörflichen Welt die kommunalen Archive zunächst der Stadt Münsingen und später des Landkreises Reutlingen. Hier fand sie einen opulenten Fundus für ihre zahlreichen Bücher über historische Alltage im ländlichen Württemberg. © Verlag des Schwäbischen Kulturarchives/Haus der Volkskunst, 2001.

Flach, Hans (1845–1895). Nach dem Studium in Königsberg arbeitete Flach zunächst als Lehrer, um sich 1874 in Tübingen in Klassischer Philologie zu habilitieren. Nachdem es ihm nicht gelungen war, eine ordentliche Professur zu erhalten, wirbelten in den 1880er Jahren seine Veröffentlichungen über »Die academische Carrière der Gegenwart«, »Der deutsche Professor der Gegenwart« und die anonym veröffentlichten »Culturbilder aus Württemberg« gehörig Staub auf. In den »Culturbildern« sinnierte er über die Nahrungsgewohnheiten der Württemberger als Indikator für ihre sozialen Beziehungen. Nach einer Zeit der Skandale verließ Flach Tübingen und verdingte sich in Hamburg als Journalist.

Goes, Albrecht (1908–2000). Einem württembergischen Pfarrhaus entstammend, durchlief Goes nach den Seminaren in Schöntal und Urach die theologische Ausbildung im Tübinger Stift. Nach weiteren Studienjahren in Berlin übte er seit 1930 den Pfarrberuf aus, während des zweiten Weltkriegs auch als Soldaten- und Lazarettpfarrer. Seit 1952 lebte er als freier Schriftsteller in Stuttgart. Goes war ein stiller Literat, der Wesentliches leise und knapp zu sagen wusste. Das Gedicht »Der Bratapfel« entstand in den späten 1940er Jahren. © S. Fischer Verlag GmbH, Frankfurt am Main, 2008.

Griesinger, Carl Theodor (1809–1884). Studierter Theologe und satirischer Schriftsteller, der im Zuge der politischen Unruhen 1848 zu einer zweijährigen Festungshaft auf dem Hohenasperg verurteilt wurde. Danach emigrierte er in die USA, von wo er 1857 zurückkehrte. Das Portrait eines Gastwirtes und seine Beobachtungen in einem Stuttgarter Biergarten erschienen in den »Silhouetten aus Schwaben« (1838). »Der Wurstball« wurde gegeben in »Humoristische Bilder aus Schwaben« (1839).

Hansjakob, Heinrich (1837–1916). Als Sohn eines Bäckers und Wirts in Haslach im Kinzigtal geboren, erwarb der spätere Pfarrer beträchtliche Menschenkenntnis durch die Beobachtung der Gäste im elterlichen Wirtshaus. Nach dem Studium der Theologie in

Freiburg, wurde er 1865 in Tübingen mit einer historischen Studie über die Grafen von Freiburg promoviert. Wirkte als Schriftsteller, Politiker (Abgeordneter im badischen Landtag 1871–1881), Theologe und Historiker – aber auch als Gründer der ersten badischen Winzergenossenschaft in Hagnau, wo Hansjakob zwischen 1869 und 1883 den Pfarrdienst verrichtete. Damit leistete er einen handfesten Beitrag zur Rettung des dortigen Weinbaus. Seine kulinarischen Erinnerungen stammen »Aus meiner Jugendzeit« (1879).

Hartmann, Julius (1836–1916). Umtriebiger Landes- und Kulturhistoriker mit regionalpatriotischer Leidenschaft und literarischen Interessen. Gab u.a. Schriften Ludwig Uhlands und einige Oberamtsbeschreibungen heraus, schrieb eine Chronik Stuttgarts und sammelte Texte für die »Schwäbische Selbstbeleuchtung in alter und neuer Zeit« sowie seinen »Schwabenspiegel«. Seine Studien zu den schwäbischen Nahrungsgewohnheiten erschienen 1884 im zweiten Band der Landesbeschreibung »Das Königreich Württemberg. Eine Beschreibung von Land, Volk und Staat. Herausgeben von dem Königlichen statisch-topographischen Bureau«.

Hausenstein, Wilhelm (1882–1957). Kunstkritiker, Schriftsteller und Diplomat. 1936 Ausschuss aus der Reichschrifttumskammer; bis 1943 Mitarbeiter der »Frankfurter Zeitung«. Seit 1950 zunächst Generalkonsul, später Botschafter der BRD in Paris. Auf die »Salzbrezeln aus Niederwasser« besann sich der badische Gelehrte und Literat 1947 in seinen Lebenserinnerungen »Lux Perpetua. Summe eines Lebens aus dieser Zeit. Mitgeteilt von Johann Armbruster. Erster Band. Geschichte einer deutschen Jugend aus des neunzehnten Jahrhunderts Ende«. © Johannes Werner, Elchesheim.

Hebel, Johann Peter (1760–1826). Theologe, Volksaufklärer, Pädagoge und Schriftsteller. Nach dem Studium der Theologie in Erlangen wurde der Südbadener Gymnasialprofessor in Karlsruhe und Prälat der Evangelischen Landeskirche Badens. Widmete sich geistreich, unterhaltend und in aufklärender Absicht merkwürdigen Naturphänomenen, alltagsphilosophischen Fragen, dem menschlichen Spiel und Volksliedern. Nach der Veröffentlichung der »Allemannischen Gedichte« 1803 galt Hebels literarische

Arbeit vor allem den Beiträgen für den badischen Landkalender (später »Rheinischer Hausfreund«); zahlreiche der Geschichten fasste er 1811 in der Sammlung »Schatz-Kästlein des rheinischen Hausfreundes« zusammen, in die auch die hier abgedruckten Ess-Erzählungen und das »Abendlied« aufgenommen wurden.

Höhn, Heinrich (1877–1920). Pfarrer in Onolzheim und Pionier der Volkskundeforschung in Württemberg. Die Beschreibungen der zu seinen Zeiten gängigen Gewohnheiten beim Leichenschmaus erschienen 1913 und 1914 in seiner Studie »Sitte und Brauch bei Tod und Begräbnis« in den »Württembergischen Jahrbüchern für Statistik und Landeskunde«.

Klink, Vincent. Der 1949 geborene Fernsehkoch und Küchenmeister versteht seinen Bauch als Bekenntnis. Die Parole seiner zusammen mit Wiglaf Droste herausgegebenen Postille »Häuptling Eigener Herd« lautet denn auch unumwunden: »Wir schnallen den Gürtel weiter.« Im 37. Band dieses Periodikums (»Glaube und Alkohol«) veröffentlichte Klink seine Beobachtungen über die konfessionellen Differenzen beim Essen und Trinken in seiner katholischen Heimatstadt Schwäbisch Gmünd, dem protestantischen Remstal und der Landeshauptstadt Stuttgart. Als Koch pflegt er eine Küche, die regionale Traditionen und Weltoffenheit verbindet. © Vincent Klink, Stuttgart.

Mörike, Eduard (1804–1875). Nach dem Theologiestudium führte ihn die Vikariatslaufbahn quer durch das Land, bevor er in Cleversulzbach als Pfarrer für einige Zeit sesshaft wurde. Auch dieser Aufenthalt währte nicht lange; schon im Alter von 39 Jahren ging der Lyriker und Erzähler in Frühpension. Die »Frankfurter Brenten« entstanden um 1844 und erschienen erstmals 1852. Den Dank an Constanze Hartlaub für ihr famoses Gurkenrezept übermittelte Mörike um 1842.

Nefflen, Johannes (1789–1858). Der Wirt, Politiker und satirische Schrifteller wurde als Sohn eines Küfermeisters in Oberstenfeld geboren. Nach seiner Ausbildung in der Verwaltung amtierte er von 1815 bis 1837 in Pleidelsheim als Schultheiß. Fragen der Landwirtschaft in Theorie und Praxis aufgeschlossen, hielt er obendrein von 1833 bis 1836 ein Mandat in der württembergischen Abgeordnetenkammer inne. Trat politisch und schriftstellernd mehr und mehr in die Öffentlichkeit. 1837 erschien sein populärer »Vetter aus Schwaben«. Im selben Jahr wurde er wegen Pressevergehen verhaftet und musste eine zwanzigmonatige Festungshaft auf dem Hohenasperg verbüßen. Im Revolutionsjahr 1848 engagierte er sich für den linken Flügel der demokratischen Bewegung. Anfang 1849 verließ er die württembergische Heimat über Straßburg in Richtung USA. Nachdem er sich zur Rückkehr nach Schwaben entschlossen hatte, verstarb er noch im Hause seines Sohnes in Maryland. »Das Hochgesträss« ist eine Episode aus »Der Coburger Sechser« (1840); »Der Bauer im König von England« ist der 1841 erschienenen Ausgabe von »Der Vetter aus Schwaben« entnommen.

Petersen, Johann Wilhelm (1758–1815). Der Stuttgarter Bibliothekar war nach dem Bekunden seiner Freunde ein tüchtiger Trinker – wusste also, wovon er in seinem 1782 anonym erschienenen Hauptwerk »Geschichte der deutschen National-Neigung zum Trunke« sprach. Während des Studiums auf der Karlsakademie zählte er zum Freundeskreis um Friedrich Schiller. Weniger ob seines Durstes, sondern aufgrund seiner politischen Gesinnungen kämpfte er immer wieder mit beruflichen Schwierigkeiten.

Pflug, Johann Baptist (1785–1866). Als Sohn eines Küfermeisters in Biberach geboren, wandte sich Pflug schon in seiner Jugend der Malerei zu und studierte zwischen 1806 und 1809 an der Akademie in München. Seit seiner Rückkehr nach Biberach arbeitete er als Zeichenlehrer und reüssierte mit seinen Genrebildern als Chronist des oberschwäbischen Volkslebens. Auch seine 1874/77 erstmals erschienenen Lebenserinnerungen sind geprägt von Neugier nach der Welt der kleinen Leute in seiner oberschwäbischen Heimat. »Aus der Räuber- und Franzosenzeit Schwabens. Die Erinnerungen des schwäbischen Malers aus den Jahren 1780–1840« widmet sich immer wieder volkstümlichen Festen und der Alltagsküche.

Picard, Jacob (1883–1967). Der Chronist des badischen Landjudentums – als Pseudonym verwendete er mitunter auch »Jakob Badner« – studierte zunächst Jura und arbeitete bis 1933 als Rechtsanwalt in Köln und Konstanz. Bereits während des Studiums in Berlin, München und Heidelberg trat Picard mit schriftstellerischen Aktivitäten an die Öffentlichkeit und verdingte sich nach dem Berufsverbot mit literarischer Arbeit. Vor dem Zweiten Weltkrieg zur Emigration gezwungen, kam er über die Sowjetunion und Japan in die USA. Von dort kehrte er 1958 in seine badische Heimat zurück. »Die Brautschau« erschien in: Jacob Picard: Werke. Hg. von Manfred Bosch. Lengwil 1996, S. 49–65. © Libelle Verlag, 1996, für die deutschsprachige Buchausgabe.

Ringelnatz, Joachim (1883–1934). Der als Hans Gustav Bötticher in Sachsen geborene Ringelnatz schlug sich als Seemann und in etlichen Handlangerberufen durch. 1909 ging er vorübergehend im kabarettistischen Milieu Münchens vor Anker. Zeitlebens konnte er sich von seinen literarischen Arbeiten mehr schlecht als recht ernähren. Erst nach seinem frühen Tod setzte der Ruhm ein. Das Gedicht über den Besuch einer Stuttgarter Weinstube stammt aus seiner letzten zu Lebzeiten erschienen Lyriksammlung »Gedichte, Gedichte. Von Einstmals und Heute« (1934).

Rümelin, Gustav (1815–1889). Der Leiter des »Königlich-Württembergischen Statistisch-Topographischen Bureaus« (1861–1873) und Kanzler der Tübinger Universität skizzierte mehrfach und nachhaltig Vorstellungen zum schwäbischen »Volkscharakter«, die auch die hier vorgelegten Überlegungen zur Geselligkeit enthalten. Der Text folgt der Landesbeschreibung »Das Königreich Württemberg. Eine Beschreibung von Land, Volk und Staat« (1884).

Sayer, Walle. Geboren 1960 in Bierlingen zwischen Rottenburg und Horb, absolvierte der Lyriker zunächst eine Banklehre, um sich alsbald in unterschiedlichen Berufen zu verdingen. Seit Anfang der 1990er Jahre lebt der Autor schlicht-virtuoser Kurzprosa als freier Schriftsteller (zuletzt im Klöpfer & Meyer Verlag: Kerngehäuse. Eine Innenansicht des Wesentlichen, 2009). Der »Umtrunk« stammt aus: Walle Sayer: Kohlrabenweißes. Menschenbilder, Ortsbestimmungen. Tübingen 2001, S. 33. © Klöpfer & Meyer, Tübingen.

Scheffel, Joseph Viktor von (1826–1886). Die seit der zweiten Hälfte des 19. Jahrhunderts vielfach aufgelegten Lieder und Gedichte des

Bandes »Gaudeamus« zählten zu den populärsten Bestsellern der südwestdeutschen Literatur. Der gebürtige Karlsruher studierte zunächst Jura in Heidelberg, München und Berlin und arbeitete als Praktikant in Säckingen und Bruchsal. Er wandte sich bald von seinem bürgerlichen Brotberuf ab und wollte Maler werden. Nachdem er sein Schreibtalent entdeckt hatte, wurde der Wanderpoet mit seinen historischen Romanen (»Ekkehard«, »Trompeter von Säckingen«) und Reisebildern seiner badischen Heimat zu einem populären Autor – nicht zuletzt auch durch den Gebrauchswert seiner Gedichte als Trinklieder, was ihm das Andenken zahlloser »Scheffel-Stuben« in der südwestdeutschen Wirtshauslandschaft einbrachte.

Schiller, Friedrich (1759–1805). Wie so viele andere Talente des Landes auch, erwarb der Zögling der Stuttgarter Karlsakademie schillernden Ruhm als »Dichter der Freiheit« erst außerhalb Württembergs. Zunächst zum Studium der Medizin gedrängt, reüssierte Schiller 1782 mit »Die Räuber«. »Der Wirtemberger« erschien in der »Anthologie auf das Jahr 1782«, mit welcher der junge Schiller eine erste umfangreichere Sammlung von Gedichten vorlegte. Wenig später untersagte ihm der Herzog jegliche dichterische Betätigung. Noch in diesem Jahr machte sich Schiller auf die Flucht aus seinem Heimatland. Nach seinem frühen Tod 1805 wurde er im Zeitalter der Nationsbildung zum Schutzheiligen des Bürgertums, der über alle politischen und sozialen Grenzen hinweg in Festen und Denkmalen (Stuttgart, 1839) verehrt wurde.

Schlesier, Gustav (1810–?). Den gebürtigen Sachsen und studierten Theologen verschlug es 1836 in die württembergische Residenz. Er beschäftigte sich mit Friedrich Hölderlin und Wilhelm von Humboldt und lebte von seinen publizistischen Arbeiten nur schlecht. Zum hiesigen Wein unterhielt er – wie der Charakterisierung in seiner Ethnographie »Deutsche Studien« (1836) zu entnehmen ist – ein eher zwiespältiges Verhältnis.

Schneller, Franz (1889–1968). Auch wenn dies die von ihm gebrauchte Terminologie der »Rasse« aus heutiger Perspektive suggerieren mag – die Portraits der alemannischen Kultur und Landschaft aus der Feder Schnellers haben mit nationalsozialistischem

Schollenkult partout gar nichts gemein. Im Gegenteil: 1933 wurde der Freiburger Kulturkritiker, Theatermann und Publizist Opfer nazistischer Presseattacken, saß in sogenannter »Schutzhaft« und erhielt vorübergehend Publikationsverbot. Herkunft und Werk sind eng verknüpft mit der südbadischen Region, die Schneller in vielen literarischen Arbeiten portraitierte. Die Beschreibung der badischen Küche stammt aus dem 1947 erschienen »Brevier einer Landschaft«. © Brigitte Schneller, Müllheim.

Schussen, Wilhelm (1874–1956). Nach eigenem Bekunden kannte der Chronist Oberschwabens sämtliche Gasthäuser seiner Heimat. Als Wilhelm Frick im oberschwäbischen Kleinwinnaden geboren, erlebte er seine Kindheit im Wirtshaus, das seine Eltern betrieben. Er wandte sich bald von seinem Erstberuf als Lehrer ab und versuchte stattdessen von seinen literarischen Arbeiten satt zu werden. Sein Freund Hermann Hesse lobte ihn als Humorist, der »schwäbische Romantik« und »schwäbische Wirklichkeit« in bekömmlicher Weise verbinde. Im Oktober 1933 unterzeichnete Schussen zusammen mit 87 Autoren das »Gelöbnis treuester Gefolgschaft für Adolf Hitler«. Seine Wirtshaus-Ansichten entstammen dem 1909 erschienenen Selbstportrait »Johann Jakob Schäufeles philosophische Kuckuckseier«.

Stehle, Bruno (1852–1932). Regierungs- und Schulrat aus Sigmaringen. Heimatschriftsteller, Mundartforscher und Regionalhistoriker. Gab 1925 »Hohenzollern. Ein Heimatbuch« heraus. Seine Studien der Nahrungsgewohnheiten in den ehemaligen Fürstentümern Hohenzollern erschienen 1884 in »Geographie und Heimatkunde der Hohenzollernschen Lande«.

Troll, Thaddäus (= Hans Bayer, 1914–1980). Germanist und Kunsthistoriker, Journalist und Autor gleichermaßen humoriger wie gelehriger Schwabenbücher. Das »Epitaph auf den Most« und die Einblicke in »Die schwäbische Küche« sind Teil von »Deutschland, deine Schwaben. Vordergründig und hinterrücks betrachtet« (1967). Nachdruck mit freundlicher Genehmigung des Silberburg-Verlags, Tübingen.

Uhland, Ludwig (1787–1862). Jurist, Philologe, Historiker, Politiker und obendrein natürlich Dichter – der Tübinger Gelehrte zählte zu den letzten großen Universalisten des südwestdeutschen Bildungsbürgertums. Sein Gedicht »Einkehr« entstand 1811; »Wein und Brot« 1834.

Vierordt, Karl Friedrich (1790–1864). Schüler und Freund Johann Peter Hebels, der sich in seinen »Kalendergeschichten« gleichfalls mit der Gepflogenheit des Tabakrauchens beschäftigt hatte. Der Historiker und Pädagoge Vierordt waltete als Lyceumsdirektor in Karlsruhe und hinterließ u.a. eine zweibändige »Geschichte der evangelischen Kirche im Großherzogtum Baden« (1847/56) sowie die »Badische Geschichte bis zum Ende des Mittelalters« (1865). Seine Betrachtungen zum Rauchen erschienen 1840 in dem landesgeschichtlichen Periodikum »Badenia«.

Waiblinger, Wilhelm (1804–1830). Nach seiner Tätigkeit als Hilfsschreiber in Urach besuchte Waiblinger das Gymnasium in Stuttgart und studierte seit 1822 im Tübinger Stift. Von dort flog er 1826 aufgrund eines lokalen Skandals. Er unterhielt eine Liebschaft zu Julie Michaelis, in deren Umfeld es zu Brandstiftungen, Gerichtsprozessen und antisemitischen Pöbeleien kam. Danach stürzte sich das begnadete literarische Talent in einen eskapistischen und exzessiven Lebenswandel. In den Osterferien 1826 verweilte Waiblinger bei seinem Freund Friedrich Eser in Hürbel. Hier reifte der Entschluss, Tübingen zu verlassen und nach Rom aufzubrechen. Zuvor machte sich Waiblinger an die literarische Satire »Drei Tage in der Unterwelt. Ein Schriftchen, das vielen ein Anstoß sein wird und besser anonym herauskäme«, die bereits im Sommer als Buch erschien. In vorliegender Episode werden jede Menge zeitgenössischer Literaten verwurstet. Krank und verarmt verstarb Waiblinger schon 1830 in Rom.

Weber, Karl Julius (1767–1832). Den Freuden des Geistes und des Leibes gleichermaßen verschriebener Schriftsteller aus Hohenlohe. Der gebürtige Langenburger arbeitete zunächst als Lehrer und Sekretär in der französischen Schweiz und begleitete bisweilen seine Dienstherren auf ihren Reisen. Die Erfahrungen verarbeitete er in Reisebeschreibungen. Nach beruflichen Enttäuschungen zog sich der polyglotte Satiriker in seine hohenlohische Heimat zurück. Die Bibliothek des nimmersatten Lesers umfasste 11 000

Bände. Deren Lektüre verdaute er reflektierend und schreibend in der zwölfbändigen Essaysammlung »Democritos, oder hinterlassene Papiere eines lachenden Philosophen«, aus denen auch die Essays zur Nahrung im Allgemeinen und zur Gutschmeckerei im Besonderen stammen.